审定修订人员名单

修订审定：

孙玉文　　杨逢彬　　梁　涛

修订人员：（按姓氏音序排列）

都晓梅　　韩　悦　　胡玉恒　　黄　胜

李　新　　王　瑾　　许庆江　　杨　兵

尹　强　　于鸿雁　　张　明　　祝安顺

中华文化基础教材

下

董金裕　总审定

陈训章　总编著

中华书局编辑部　修订

中华书局

图书在版编目（CIP）数据

中华文化基础教材. 下/董金裕总审定;陈训章总编著;中华书局编辑部修订. —北京:中华书局,2013.8(2024.3 重印)
ISBN 978-7-101-09469-5

Ⅰ. 中…　　Ⅱ.①董…②陈…③中…　　Ⅲ. 中华文化–高中–教材
Ⅳ. G634.301

中国版本图书馆 CIP 数据核字（2013）第 139664 号

本书中文简体字版由台湾康熹文化事业股份有限公司授权出版
版权登记号：01-2013-3937

书　　　名	中华文化基础教材（下）
总 审 定	董金裕
总 编 著	陈训章
修 订 者	中华书局编辑部
责任编辑	王　建
装帧设计	王铭基
责任印制	陈丽娜
出版发行	中华书局
	（北京市丰台区太平桥西里 38 号　100073）
	http://www.zhbc.com.cn
	E-mail:zhbc@zhbc.com.cn
印　　　刷	北京新华印刷有限公司
版　　　次	2013 年 8 月第 1 版
	2024 年 3 月第 16 次印刷
规　　　格	开本/787×1092 毫米　1/16
	印张 15½　字数 140 千字
印　　　数	107841-110840 册
国际书号	ISBN 978-7-101-09469-5
定　　　价	39.80 元

出版说明

中华优秀传统文化凝聚着中华民族自强不息的精神追求和历久弥新的精神财富，是发展社会主义先进文化的深厚基础，是建设中华民族共有精神家园的重要支撑。在高中教育阶段充分结合教学改革与创新，有效开展中华优秀传统文化教育教学，探索建立优秀传统文化在高中阶段的教育传承体系，已成为中华文化伟大复兴的必然要求。

我国台湾地区60多年来在高中课程中一直安排有《中国文化基本教材》科目，属于必修科目，内容主要涵盖传统儒家经典"四书"。2006年，在台湾"去中国化"的政策下，废除《中国文化基本教材》科目，改为《论孟选读》，由必修改为选修，教学课时也大幅减少。2011年，经《中华文化基本教材》（以下简称"原教材"）课程大纲修订小组不断努力，终于通过课程大纲，将该课程由选修恢复为必选（基本等同于必修），同时为避免部分人士的反弹，将课程名中"中国"一词改为"中华"，从2012年9月起在台湾地区正式实施。

中华书局经过调研与论证，认为原教材所承载的文化内容是中华传统文化的经典内容，具有跨越海峡的共通性与跨越时代的普适性，同时，原课程在台湾地区几十年的教学历史积累的丰富经验对大陆高中也具有重要的参考价值。为此，中华书局与教材总审定董金裕教授、教材出版方台湾康熹文化公司进行了版权合作，在原版基础上，结合大陆的传统文化研究和一线教学实践，邀请北京大学中文系、上海大学中文系、中国人民大学国学院等机构的权威专家进行了全面系统的修订，并邀请北京市第四中学、北京大学附属中学、华南师范大学附属中学、上海市光明中学等高中的一线语文骨干教师对原教材中的"今人今事"和"历届大考试题"等教学模块进行了全面改写，最终定名为《中华文化基础教材》（以下简称"本教材"）正式出版，供大陆的高中开展中华传统文化教学使用。

本教材的修订工作主要涵盖以下几项：

其一，正文的字、词、句、章节的注释和解读方面，邀请大陆知名专家结合学术前沿成果进行了修订，使之在学术性方面更加严谨与准确。

其二，"今人今事"模块，本教材突破原教材所选人与事以台湾地区为主的局限性，立足全国、放眼世界，以浅近易懂的故事笔法，介绍与本单元主旨契合的现代的人与事，用以印证经典文本的核心义理，更适于培养学生以天下为怀的宏大气象。

其三，"历届大考试题"方面，原教材仅选择台湾地区高中大考试题，本教材则改为以大陆的全国高考试题、地方高考试题以及高校自主招生试题为主，更符合大陆的教学实际，同时适量辅以新加坡和我国台湾地区的相关试题，用以拓宽学校和学生的视野，以帮助学生提高知识运用与解题能力。（"历届大考试题"中针对试题本身引文有误的情况，均依据权威版本予以校订，特此说明。）

修订后的教材以"立德树人"为教学宗旨，期望通过引导学生学习和传承本民族的优秀传统文化，使其成长为可资"修齐治平"、兼备"仁义礼智信"，具有人文情怀与世界眼光的现代中国人。

本教材分上下两册，内容以儒家经典"四书"为主，共计选入《论语》168章、《孟子》50章、《大学》4章、《中庸》4章。采用分类方式编辑，可使学生在学习后得到较有系统的认识。《论语》、《孟子》各章中可分属于不同单元中的内容，为避免重复，凡已于前单元选用的，则不在后单元选用。每个单元之前均附有"引言"，之后则设有"问题与讨论"；于各章之下均列有"章旨"、"注释"、"解读"、"相关名言"等。大部分单元后还列有"今人今事"与"历届大考试题"，以丰富学习内容，活跃教学气氛。

历来训解"四书"的著述极多，说解难免有所歧异，为减轻学生的学习负担，教材中的注释以《十三经注疏》及朱熹《四书章句集注》中的观点为主，并综合其他有价值的观点，择善而从。本教材所选各章，依朱熹《四书章句集注》的篇章次序，列于书末作为索引，以资参考。

本教材之编辑力求严谨，编写过程中广纳高中、大学教师意见，期望能以较完善的面貌呈现。但疏漏之处在所难免，敬祈学界同人不吝指正。

中华书局编辑部

2013年6月

目录

孟子选读

《孟子》概述

一、孟子其人

（一）孟子的姓名字号

孟子姓孟，名轲，他的字号是什么？东汉赵岐《孟子注·孟子题辞》说：

孟子，……名轲，字则未闻也。

可见孟子的字号后来已经不可考知。不过，后代对于孟子的字号，却有字子车、子舆、子居、子展等各种说法，但都缺乏明确的证据。

（二）孟子的籍贯

根据《史记·孟子荀卿列传》及赵岐《孟子注·孟子题辞》，都说孟子是邹国人，其地在今山东省邹城市。

（三）孟子的生卒年

孟子究竟生于何年，死于何年，《史记·孟子荀卿列传》及赵岐《孟子注·孟子题辞》都没有记载。后代学者分别考订，总计有十多种说法，很难判定哪一种说法才是正确的。不过以赞同生于周烈王四年（公元前372年），卒于周赧王二十六年（公元前289年）；与生于周安王十七年（公元前385年），卒于周赧王十三年（公元前302年）两种说法为最多，享年都是八十四岁。根据《孟子·尽心下》的记载，孟子曾自言：

由孔子以来，至于今，百有余岁。

可知孟子所处的时代，上距孔子（生于鲁襄公二十二年，公元前551年）至少有一百多年。

（四）孟子的先世及家属

根据赵岐《孟子注·孟子题辞》、焦循《孟子正义》等的记载，孟子的先世为鲁国的孟孙氏。由孟孙氏到孟子，到底传了多少代，现已无法考知。

至于孟子父母妻儿也都已经失考，但是从《韩诗外传》以及汉代刘向《列女传》所记载的有关孟子的传说如"孟母三迁"、"孟母断机"等判断，孟子的父亲大概很早就过世了，而孟子后来能够有伟大的成就，实得力于母亲的教导。

（五）孟子的师承

关于孟子的师承，有三种不同的说法：

1. 师事子思的门人（《史记·孟子荀卿列传》等）。

2. 师事子思（《列女传》等）。

3. 师事子思的儿子子上（《孟子外书》）。

以上三种说法，《孟子外书》是伪书，所述内容不可信。又子思、孟子的确实生卒年虽已无法考知，但就二人大略的生存年代考察起来，孟子出生时，子思已经逝世，所以师事子思的说法也不能成立。因此孟子所师事的人，比较可能的是子思的门人。但究竟是子思的哪位或哪些门人，则由于文献难征，已经无从考知了。

（六）孟子的游踪

孟子一生的行事、遭遇和孔子颇有相似之处，学成讲学，然后周游列国，游说诸侯，希望实践其政治理想，却都未被采纳，最后退老故乡，教授生徒。

从《孟子》七篇所记载，孟子曾游历过邹、宋、薛、滕、齐、梁、鲁诸国，所接触的当权人物，有邹穆公、滕文公、梁惠王、梁襄王、齐宣王等，其中与梁惠王和齐宣王的对话最多。孟子告诉邹穆公"君行仁政，斯民亲其上，死其长矣"。当滕文公为世子时，为其"道性善"，他即位后，又向他讲解为民制产、井田制度的方法。孟子告诫梁惠王"何必曰利？亦有仁义而已矣"，要求梁惠王与民偕乐，痛斥他为了土地而牺牲人民。孟子对齐宣王谈"王道"、"保民而王"、"进贤"的道理，希望齐宣王发政施仁，能"与民同乐"，也警告宣王"君之视臣如土芥，则臣视君如寇仇"、"（贵戚之卿）君有大过则谏，反复之而不听，则易位"，并且盛赞汤武革命并非弑君。可惜孟子的主张在当时被认为"迂远而阔于事情"（《史记·孟子荀卿列传》），虽然他本人受到礼遇尊重，但理想却不能获得实行。

二、《孟子》其书

（一）《孟子》的编撰者

对于《孟子》的编撰者，有三种不同的说法：

1. 孟子自己编撰（赵岐《孟子注·孟子题辞》等）。

2. 孟子与门徒共同编撰（《史记·孟子荀卿列传》等）。

3. 孟子弟子及再传弟子共同编撰（张籍《上韩昌黎第二书》、韩愈《答张籍书》等）。

以上三种说法，根据各种材料判断，可以确定：《孟子》并非孟子自己编撰，也不是孟子与门徒共同编撰，而是孟子的弟子所编撰的，其中可能又杂有孟子再传弟子的记载。

（二）《孟子》的内容与篇名

《孟子》是记述孟子言行及其与门弟子、当时人相互问答的书。

今本《孟子》有七篇，约三万五千字。其篇名依序为《梁惠王》上下、《公孙丑》上下、《滕文公》上下、《离娄》上下、《万章》上下、《告子》上下、《尽心》上下，其命名方式，大抵是取每篇第一章，去除开头的"孟子见"、"孟子曰"等字，而以其次的两三个字作为篇名，没有特别的涵义。东汉赵岐作注将七篇各分上下，后代皆依之。

（三）《孟子》地位的提升

孟子被班固《汉书·艺文志》列于《诸子略》儒家类中，与《荀子》、扬雄《法言》等地位相当，并没有受到特别的重视。因此从汉代一直到唐代，研究注释的著作并不多。

到了唐代，韩愈开始对《孟子》大加表彰，时人才逐渐重视《孟子》。《孟子》的地位遂大幅提升。

到了宋代，程颢、程颐更极力表扬《孟子》，朱熹又取《孟子》与《论语》，以及《礼记》中的《大学》、《中庸》两篇，合为"四子书"，又称"四书"。光宗绍熙年间（公元1190年—1194年）黄唐合刻《十三经注疏》，内含《孟子》，陈振孙《直斋书录解题》也把《孟子》列于经部。从此，《孟子》就由子部之书正式被提升为经部的著作。明、清两代，规定科举考试中八股文题目由"四书"中命题，孟子也因此成为当时士人必读且须熟读的经书。

三、《孟子》参考书目

由于有关《孟子》的著述相当多，在此只选取比较重要的古代注本作介绍：

（一）《孟子注》（十四卷·赵岐）

这本书是现存完整且最早的《孟子》注本，现收入《十三经注疏》中，后代为之作疏的有题为孙奭所撰的《孟子正义》和焦循的《孟子正义》。

（二）《孟子集注》（十四卷·朱熹）

这本书是从宋朝以来最通行的注本，尤其是自元朝仁宗皇庆二年（公元1313年），诏令科举考试"四书"科以朱熹《四书章句集注》作为定本，影响更为深远。

（三）《孟子正义》（三十卷·焦循）

这本书是为赵岐《孟子注》所作的疏。博采清代学者从顾炎武以下六十多家的说法而成。

以上三种注本，赵岐《孟子注》反映了两汉儒者对《孟子》的见解，朱熹《孟子集注》可谓宋代理学对《孟子》见解的代表作，焦循《孟子正义》则是清代汉学家对《孟子》见解的具体表现，各有其长处。可是因为都是古人的注本，以文言文写成，同学们可能一时不容易阅读。不过目前已有多家出版社印行了用白话文写成的注译本，大家可以选择其中一两种作为参考，以增进对《孟子》的了解。

孟子的成就

孟子的成就是多方面的，很难用简短的文字作全面的解说，在这里仅择取比较重要的几点作介绍：

1. 孟子是位杰出的儒者，他继承孔子的思想并加以发挥，使儒家的学术思想得到更大的发扬。尤其是儒家道统观的形成、道德哲学体系的建立，孟子之功实不可没，故后代奉之为"亚圣"。

2. 孟子认为人有自觉的本心，也就是与生俱来的良知良能，只要对此"善端"（四善端，即恻隐之心、羞恶之心、辞让之心、是非之心，孟子认为这是"仁、义、礼、智"四德的源头。）培养扩充，必可由凡俗而入圣贤，彰显了人的意义和价值。

3. 孟子的养"浩然之气"、"富贵不能淫，贫贱不能移，威武不能屈"的大丈夫人格、"舍生取义"的抉择，树立了知识分子的典范，激励着无数的炎黄子孙，在历史上写下很多可歌可泣的事迹。

4. 孟子认为人民是政治的主体，人民的福祉是施政的最高目标，民心的向背是政权转移的检验标准，以及政治必须以道德为基础的主张，即使在今日的民主社会，仍具有普遍的价值。

5.《孟子》的文章，雄放奔肆，譬喻生动，说理透彻，对唐宋以后的古文家影响很大。其"知言养气"说，是后世"文气论"的根源。其"以意逆志"、"知人论世"说，揭示了文学欣赏的重要途径。

6.《孟子》也是先秦哲学史料的重要宝库，例如许行、告子等人的学说，皆因孟子的批评而保存下来。

引 言

孟子的抱负（选二章）

在中国文化政教上，周公是创始者，孔子是集大成者，孟子是弘扬者。孔子遵从周道，孟子则以孔子的私淑弟子自居。他说："予未得为孔子徒也，予私淑诸人也。"（《离娄下》）当他与弟子公孙丑论及伯夷、伊尹、孔子三人出仕的态度时，曾说："乃所愿则学孔子也。"（《公孙丑上》）孟子曾经论述历史上的圣人，认为伯夷为圣之清者，伊尹为圣之任者，柳下惠为圣之和者，孔子则为圣之时者。在这些圣人中，因为孔子"可以速而速，可以久而久，可以处而处，可以仕而仕"（《万章下》）。其行止进退，完全合乎时宜，为圣之集大成者，所以孟子瞻仰景从，引为终身的典范。

孟子生当"圣王不作，诸侯放恣，处士横议，杨朱、墨翟之言盈天下"，"邪说诬民，充塞仁义"以至"率兽食人，人将相食"的时代，挺身而出，说出"我亦欲正人心，息邪说，距诐行，放淫辞"，而不得不与人争辩的苦衷。想要继承夏禹"抑洪水"、周公"兼夷、狄，驱猛兽"、孔子"成《春秋》，而乱臣贼子惧"的历史责任，而以言"距杨、墨"，弘扬往圣之道为己任。

孟子不只要学孔子，阐发其以道德仁义安定天下的理想，更从孔子的道德理想中，建立起儒家尧、舜、禹、汤、文、武、周公、孔子的道统观，而他自己就是这个道统的继承人。他考察历史的治乱，每过五百年就会有圣王出现，其间必有德业闻望有名于当世，能辅佐圣王的人。可是从文王以来已七百多年没有王者出现，因此当他离开齐国的时候，豪气干云地说："夫天未欲平治天下也；如欲平治天下，当今之世，舍我其谁也？"表达出坚定的信念与远大的抱负。

009

予岂好辩哉(节选)

公都子①曰:"外人皆称夫子好辩,敢问何也?"
孟子曰:"予岂好辩哉?予不得已也!天下之生②久
矣,一治一乱③:

"当尧之时,水逆行④,泛滥于中国⑤。蛇龙居
之,民无所定⑥。下者为巢⑦,上者为营窟⑧。《书》
曰:'洚水警余。'⑨洚水者,洪水也。使禹治之。禹
掘地⑩而注之海,驱蛇龙而放之菹⑪,水由地中行⑫,
江、淮、河、汉是也。险阻既远,鸟兽之害人者消,然
后人得平土而居之⑬。

"尧、舜既没,圣人之道衰。暴君代作⑭,坏宫
室以为污池⑮,民无所安息;弃田以为园囿⑯,使民
不得衣食。邪说暴行又作。园囿污池沛泽⑰多,而禽
兽至。及纣之身,天下又大乱。周公相武王,诛纣,
伐奄⑱,三年讨其君⑲;驱飞廉⑳于海隅而戮之;灭
国者五十㉑。驱虎豹犀象而远之。天下大悦。……

"世衰道微,邪说暴行有作㉒。臣弑其君者有之,
子弑其父者有之。孔子惧,作《春秋》。《春秋》,天
子之事㉓也。是故孔子曰:'知我者,其惟《春秋》乎!
罪我者,其惟《春秋》乎㉔!'

"圣王不作,诸侯放恣㉕,处士横议㉖,杨朱㉗、
墨翟㉘之言盈天下。天下之言,不归杨则归墨。杨氏为
我,是无君㉙也;墨氏兼爱,是无父㉚也。无父无君,
是禽兽㉛也。公明仪㉜曰:'庖㉝有肥肉,厩㉞有肥马,

民有饥色，野有饿莩[35]，此率兽而食人[36]也。'杨、墨之道不息，孔子之道不著，是邪说诬民，充塞仁义[37]也。仁义充塞，则率兽食人，人将相食[38]。吾为此惧，闲[39]先圣之道，距[40]杨、墨，放淫辞[41]，邪说者不得作。作于其心，害于其事；作于其事，害于其政。圣人复起，不易[42]吾言矣。

"昔者禹抑[43]洪水，而天下平；周公兼[44]夷、狄，驱猛兽，而百姓宁；孔子成《春秋》，而乱臣贼子惧。《诗》云：'戎、狄是膺，荆、舒是惩；则莫我敢承。'[45]无父无君，是周公所膺也。我亦欲正人心，息邪说，距诐行[46]，放淫辞，以承三圣[47]者；岂好辩哉？予不得已也。能言距杨、墨者，圣人之徒[48]也。"

——《滕文公下》

章旨

孟子言时局艰难，邪说诬民，为正人心，息邪说，距诐行，放淫辞，以继承先圣之道，因而不得不与人争论是非。

注释

①公都子：孟子弟子。公都，复姓，名不详。

②天下之生：天下，指人类社会。生，诞生。

③一治一乱：治世、乱世，交替循环。一，或、有时。治，太平。

④水逆行：河水倒流。

⑤中国：泛指中原各诸侯国。

⑥民无所定：人民没有地方安身。定，安居。

⑦下者为巢：居处于地势低下的人，在树上架起巢来。

⑧上者为营窟：居处于高地的人，于山崖凿成相连的洞穴。营，环绕相连的住所。窟，洞穴。

⑨《书》曰："洚水警余"：《书经》上说："上天以洪水警惕我。"此为伪《古文尚书·大禹谟》中的文字。洚水，洪水。洚，音jiàng。警余，舜自言上天以洪水来警戒我。此句以上所述为一乱。

⑩**掘地**：指挖去壅塞。

⑪**菹**：音jū，多草的水泽。

⑫**水由地中行**：水从低于平地的河道中流。地中，指两涯之间。

⑬**人得平土而居之**：人民因此而能在平地而居住。平土，平地。此句以上所述为一治。

⑭**代作**：更代而出。作，兴起、产生。

⑮**坏宫室以为污池**：毁坏民宅，改作成园圃中的大水池。宫室，人民的居室。污池，蓄水的大池。污，音wū，不流动的水。

⑯**园圃**：帝王游乐和狩猎的地方。

⑰**沛泽**：指水草盛多的沼泽地。沛，草木丛生之处。泽，水所聚集之处。此句前后所述又一乱。

⑱**奄**：音yān，奄国，东方无道之国，助纣为虐，故址在今山东省曲阜市东。

⑲**三年讨其君**：指用了三年讨平奄国。

⑳**飞廉**：亦作蜚廉，纣的谀臣，跑步很快；其子恶来力气很大，能空手与猛虎格斗；父子均以勇力服事纣。武王克商，诛恶来，追捕飞廉于海边而杀之。

㉑**灭国者五十**：灭掉五十个与纣同党虐民的诸侯。此句前后所述又一治。

㉒**世衰道微，邪说暴行有作**：意谓周室东迁以后，世运衰颓，正道不明，邪伪的学说，暴虐的行为，又再兴起。有，通"又"。此句前后所述又另一乱。

㉓**《春秋》，天子之事**：指天子职司政教，有昌明仁义、讨伐乱臣贼子之责。孔子作《春秋》，借鲁史以寄托王法，拨乱世，反之正，其大要皆天子之事。

㉔**知我者"其惟《春秋》乎"四句**：了解我的人，恐怕由于《春秋》这部著作；怪罪我的人，恐怕由于《春秋》这部著作。其，或许、恐怕。惟，以、由于。知孔子者，谓此书之作，遏（音è，阻止）人欲于横流，存天理于既灭，为后世虑，至为深远。罪孔子者，谓孔子无其位，托《春秋》行天子褒善贬恶、赏功罚罪之权。孔子作《春秋》，口诛笔伐，使乱臣贼子惧其贬责，而不敢肆行无忌，故此句以上所述又属另一治。

㉕**放恣**：放肆恣纵。恣，音zì。

㉖**处士横议**：布衣之士乱发议论。处士，布衣之士。横议，作违理的议论。横，音hèng。

㉗**杨朱**：春秋战国时人，时代在孔子以后，孟子之前。其书不传，其人思想，据《孟子·尽心上》云："杨子取为我，拔一毛而利天下，不为也。"及《吕氏春秋·不二》篇谓："杨生贵己。"《淮南子·泛论训》云："全生保真，不以物累形，杨子之所立也，而孟子非之。"大概是个主张极端利己为我的人。

㉘**墨翟**：战国时鲁人，尝仕宋为大夫。倡兼爱，尚节用，其学说盛行当世，与儒家并称为显学。门人记其所述，有《墨子》传世。

㉙**无君**：杨朱主张利己为我，不愿牺牲自己之小利以益国家，君代表国家，故称其为无君。

㉚**无父**：墨子主张爱无差等，视自己的父母如同他人的父母，故称其为无父。

㉛**是禽兽**：谓无父无君，则人道灭绝，此与禽兽无异。是，此、这个，代词，指"无父无君"。

㉜**公明仪**：姓公明，名仪。鲁国贤人，曾子弟子。

㉝**庖**：音páo，厨房。

㉞**厩**：音jiù，马棚。

㉟**莩**：音piǎo，通"殍"，饿死之人。

㊱**率兽而食人**：谓对人民横征暴敛，以畜养禽兽作为宠物，致使人民因困穷而饿死，等于是率领禽兽吃人。

㊲**充塞仁义**：因邪说充斥，仁义之道被阻塞而不能昌明。充塞，阻塞。

㊳**人将相食**：谓杨、墨之道行，则人皆无父、无君，不知人伦之道，不能互助合作，反交相侵犯伤害。此句以上所述又为另一乱。

㊴**闲**：护卫、捍卫。

㊵**距**：通"拒"，抗拒、排斥。

㊶**放淫辞**：驱除放荡无礼的言论。放，驱逐。

㊷**不易**：不会改变，指同意。

㊸**抑**：抑制，在此引申为治理之意。

㊹**兼**：摒绝。

㊺**"《诗》云戎狄是膺"三句**：《诗经》上说："打击了凶暴的戎、狄，也惩治了野蛮的荆、舒两国，就没有人敢抵挡我了。"语出《诗经·鲁颂·閟宫》。荆，楚国旧称。舒，国名，近于楚国。荆、舒皆南蛮之国，与西戎、北狄，在当时均为文化落后、不讲求仁义之道的地区。是，语助词，无义，表宾语提前。膺，打击。惩，惩治。承，当、抵挡。

㊻**诐行**：偏邪不正的行为。诐，音bì。

㊼**三圣**：指禹、周公、孔子。

㊽**圣人之徒**：与圣人同一类的人。徒，党、同一类。

解读

孟子生在战争频仍，民生凋敝，功利主义盛行的时代。他以坚韧的生命力、强烈的使命感、刚直的气概，昂扬奋发，激浊扬清，力挽狂澜，希望能达到以道德伦理安定天下的理想。因此，在奔走各国，游说诸侯之时，展其雄辩之才，以宣扬其理念。故外人对孟子有"好辩"的批评。

由于公都子之问，使孟子道出其"不得已"的苦衷。在这段文字里，刻划出孟子对时代的感受，对承继历史文化的担当。

首先孟子对人类社会诞生以来的历史进程，做了"一治一乱"的概略评述。在以治平乱之中，禹抑洪水，是平自然之患；周公兼夷、狄，驱猛兽，是平异族异类残害之患；孔子成《春秋》，端正纲常，是平人类自相残贼之患；而孟子正人心，息邪说，距诐行，放淫辞，是治思想学说之患，此为孟子之抱负，亦是其使命。

然而，孟子除反对"诸侯放恣，处士横议"外，何以又特别指责"杨、墨之道不息，孔子之道不著"而直斥杨氏、墨氏为禽兽呢？其主要关键乃基于伦常的观念。因为杨朱为我，只知爱身，不知献身报国，无君臣之义。而墨翟兼爱，爱无差等，视人之父若己父，终至无父子之仁。无君无父，乖违伦常，则人道灭绝，与禽兽何异？孟子激烈之言，即为此而发。

相关名言

◎千人之诺诺，不如一士之谔谔。

——《史记·商君列传》

（二）

当今之世，舍我其谁

孟子去齐①，充虞②路问③曰："夫子若有不豫色然④。前日虞闻诸夫子曰：'君子不怨天，不尤人⑤。'"

曰："彼一时，此一时⑥也。五百年必有王者兴⑦，其间必有名世者⑧。由周而来，七百有余岁矣，以其数，则过矣⑨；以其时考之，则可矣⑩。夫天未欲平治天下⑪也；如欲平治天下，当今之世，舍我其谁⑫也？吾何为不豫哉？⑬"

——《公孙丑下》

章旨

孟子以能施行王道者自居，表达其欲平治天下的勇气与担当。

由上二章可见孟子志在承继先圣之业，期能平治天下，胸襟抱负极为远大。

注释

①**孟子去齐**：指孟子离开齐国时。去，离开。孟子游齐，位至客卿，后不见用而离去。

②**充虞**：孟子弟子。

③**路问**：在路上提问。

④**不豫色然**：神色不愉快的样子。豫，愉悦。

⑤**不怨天，不尤人**：不埋怨上天，不责怪他人。尤，责怪。此孟子引用孔子的话，见《论语·宪问》。

⑥**彼一时，此一时**：言时既有所不同，故未可一概而论。彼一时，指前日充虞闻君子不怨天，不尤人之时，为平常之时；此一时，指孟子去齐之时，为不得行其道之时。

⑦**五百年必有王者兴**：自尧、舜至汤，自汤至文、武，皆五百余年，而圣人出。王者，施行王道的人，即圣人。

⑧**名世者**：指德业闻望有名于当世，能辅佐圣王的人。

⑨**以其数，则过矣**：用年数来论，已超过五百年之期。数，指年数。

⑩**以其时考之，则可矣**：用时势来考察，正是人心思治，该有王者出现的时候。时，时势。

⑪**平治天下**：治理天下，使天下太平。平，在此作动词用，使太平。治，治理。

⑫**舍我其谁也**：除了我，还有什么人呢？言下之意，即非我莫属。舍 舍弃、除……之外。其，助词。

⑬**吾何为不豫哉**：我为什么不愉快呢？孟子言当此之时，使我不遇于齐，是天未欲平治天下，怎么会因为己之不遇而不愉快呢？

解读

这是孟子离开齐国时，与学生充虞在路上的一段对话。话中虽流露出理想遭受挫折的无奈，但也充满了承担重责大任的自信。

孟子对历史文化的承续有强烈的使命感，更有平治天下的气概与信念。其毕生所怀抱的目标，就是要拯救生民于水火之中。在战国各国之中，当时以齐、梁二国最为富强，有称王天下的凭借，所以孟子对此两国的期望也最高。可惜先前的梁惠王对孟子尊而不亲，敬而不用，而且在孟子游梁的次年，惠王即老衰而死；继位的襄王，又"望之不似人君"，不足以有为。如今所寄望的齐宣王，虽然也对孟子礼敬有加，待以客卿之位，却又不能采纳其意见，推行仁政，尤其是趁着燕国的内乱，并吞燕国而大行暴政，因而引起诸侯军队的攻伐。孟子大失所望，离开了齐国。

孟子的挫折感，朝夕相处的学生充虞哪会看不出来呢？因此问孟子说，老师好像有不愉快的样子。孟子回答说，以"五百年必有王者兴"来看，时机应已成熟，如果上天想要平治天下的话，那"当今之世，舍我其谁也？吾何为不豫哉"，对自己的抱负深具信心，充分显现其勇于担当的气概。

相关名言

◎为天地立心，为生民立命，为往圣继绝学，为万世开太平。

——【北宋】张载《张子全书》

◎但愿众生得离苦，不为自己求安乐。

——《华严经》

问题与讨论

一、 孟子说："天下之生久矣，一治一乱。"请就《予岂好辩哉》章所述，指出哪些是治？哪些是乱？

二、 杨朱为我、墨翟兼爱，孟子为什么极力排斥而视为邪说呢？孟子批评他们是禽兽，是否为情绪性的语言？请加以辨析。

三、 据孟子所言，夏禹、周公、孔子各有什么贡献？

四、 孟子说："夫天未欲平治天下也；如欲平治天下，当今之世，舍我其谁也？"这样的自我期许，你有何看法？

当今之世，舍我其谁

——袁隆平

从孟子的言谈中，我们可以看到他在理想遭受挫折时的无奈，却也感受得到他承担重大责任时的自信。所以他说："予岂好辩哉？"面对举世滔滔之言，他必须反复申说自己的抱负。他也说："当今之世，舍我其谁！"在他心中，有一个美好的世界蓝图，再怎么艰辛，也要勉力完成。

袁隆平1930年生于北京，中国杂交水稻育种专家，中国二程院院士，被誉为"杂交水稻之父"。

从1964年开始，袁隆平研究杂交水稻技术，1973年实现三系配套，1974年育成第一个杂交水稻强优组合南优2号，1975年研制成功杂交水稻种植技术，从而为全国大面积推广杂交水稻奠定了基础。1980—1981年，袁隆平赴美任国际水稻研究所技术指导。1982年任全国杂交水稻专家顾问组副组长。1985年提出杂交水稻育种的战略设想，为杂交水稻的进一步发展指明了方向。1987年任"八六三计划"两系杂交水稻专题的责任专家。1991年受聘联合国粮农组织国际首席顾问。1995年被选为中国工程院院士。1995年研制成功两系杂交水稻，1997年提出超级杂交稻育种技术路线，2000年实现了农业部制定的中国超级稻育种的第一期目标，2004年提前一年实现了超级稻第二期目标。

袁隆平有两个心愿：一是把"超级杂交稻"合成；二是让杂交稻走向世界。为了实现这个心愿，他从成绩与荣誉两个"包袱"中解脱出来，超然于名利之外，对于众多的头衔和兼职，能辞去的坚决辞去，能不参加的会议一般不参加，梦魂萦绕的只有杂交稻。他希望杂交水稻的研究成果不但能增强我们国家自己解决吃饭问题的能力，同时也可以为解决人类仍然面临的饥饿问题做出更大的贡献。因此，袁隆平把帮助其他国家发展杂交稻当作为人类谋幸福的崇高事业。袁隆平说："我做过一个梦，梦见杂交水稻的茎秆像高粱一样高，穗子像扫帚一样大，稻谷像葡萄一样结得一串串，我和我的助手们一块在稻田里散步，在水稻下面乘凉。"

满载着袁隆平的梦想与希望，杂交水稻在中国和世界的大地上播种和收获，创造着一个个神话般的奇迹。世界杰出的农业经济学家唐·帕尔伯格写了一部《走向丰衣足食的世界》，书中这样写道："袁隆平为中国赢得了宝贵的时间，他增产的粮食实质上降低了人口增长率。他在农业科学上的成就击败了饥饿的威胁。他正引导我们走向一个丰衣足食的世界。"

历届大考试题

1.【2000年高考语文上海卷】

与"美哉寿也"句式相同的一项是（　　）（2分）

    A. 微斯人，吾谁与归　　　　B. 大王来何操

    C. 甚矣，汝之不惠　　　　　D. 不拘于时

2.【2012年高考语文四川卷】

补写下列有关节日的两副对联。（5分）

    注意：①内容与节日有关②可以不考虑平仄。

    （1）端午　上联：赛龙舟不忘楚风余韵

    （2）中秋　下联：明月千里寄相思

3.【2012年高考语文福建卷】

阅读下面的《论语》和《孟子》选段，回答问题。（6分）

    ①子曰："质胜文则野，文胜质则史，文质彬彬，然后君子。"（《论语·雍也》）

    ②孟子曰："君子所以异于人者，以其存心也。君子以仁存心，以礼存心。仁者爱人，有礼者敬人。爱人者人恒爱之，敬人者人恒敬之。"（《孟子·离娄下》）

    在孔子、孟子看来，怎样的人可以称为君子？如何才能成为君子？请综合上述材料，用自己的话回答。

    答：_____

_____

论人性本善（选八章）

引　言

　　《三字经》开头第一句话说："人之初，性本善。"其实，这是孟子所提出的学说。人性全然是善的吗？如果是，为什么世上还有那么多为非作歹的人？而孟子又岂是视若无睹？当然他是看到了。只因他认为那些行为不是人性的表现。因为孟子是从人的主体性、人的自觉心、道德心来论人性的，他所肯定的是人天生就具有善性，因此人人都有为善的能力。

　　孟子肯定人之性善，其理论依据大致有三：

　　一、人与禽兽是不同的。他说："人之所以异于禽兽者几希。"（《离娄下》）人虽然也是动物的一种，也有动物的本能、嗜欲，但在那"几希"处的仁义，却与动物有别，这个动物之性所没有的"仁义"，才能称作人性。

　　二、人心为善，由心善而言性善。他认为人皆有恻隐、羞恶、辞让、是非之心，此乃仁、义、礼、智之端，也是人的良知良能，都是天所赋予我的，是我性分中所固有的，只要思考、省察，操持存养，就能扩而充之，随机而发。这种满心的善，也就是性善。

　　三、圣人与我同类，人人皆有圣贤之具。他认为同类者皆有其相似之点，圣人之心充满着理义，其性为善，我与圣人同类，故性亦必善。只因圣贤没有丧失其本心，能先得我心所同具的理义而已。

　　至于人性之不善，那是由于心失其养、弗思、自暴自弃，或是受环境的影响，使得其善心善性因而湮没不彰，心为形役，以致作奸犯科，自陷于邪僻之途。所以孟子极力主张寻回放失的本心，并加以培养扩充，以恢复人所本有的善性。

（一）

人性本善

公都子曰："告子①曰：'性无善无不善也②。'或曰：'性可以为善，可以为不善③。是故文、武④兴，则民好善；幽、厉⑤兴，则民好暴。'或曰：'有性善，有性不善⑥。是故以尧为君，而有象⑦；以瞽瞍⑧为父，而有舜；以纣为兄之子，且以为君，而有微子启、王子比干⑨。'今曰'性善'，然则彼皆非与？"

孟子曰："乃若其情，则可以为善矣⑩；乃所谓善也⑪。若夫为不善，非才⑫之罪也。恻隐⑬之心，人皆有之；羞恶⑭之心，人皆有之；恭敬之心，人皆有之；是非⑮之心，人皆有之。恻隐之心，仁也；羞恶之心，义也；恭敬之心，礼也；是非之心，智也。仁、义、礼、智，非由外铄我⑯也，我固有之也，弗思耳矣。故曰：'求则得之，舍则失之。'或相倍蓰而无算⑰者，不能尽其才者也。

"《诗》曰：'天生蒸民，有物有则，民之秉夷，好是懿德。'⑱孔子曰：'为此诗者，其知道乎⑲！故有物必有则，民之秉夷也，故好是懿德。'" ——《告子上》

🌸 章旨

孟子答公都子问人性诸说之是非，告以仁、义、礼、智善性，自根于心，乃人所固有，求则得之。

🌸 注释

①**告子**：姓告，名不害。兼治儒、墨之学。其论性，认为人性本无善恶，所谓善恶皆由于后天的习染。

②**性无善无不善也**：性是中性的，无所谓善恶。因告子认为"生之谓性"，又说"食色性也"。他从自然生命（生物本能、生理欲望、心理情绪）方面看人性，所以主张性无所谓善恶的分别。

③**性可以为善，可以为不善**：性中兼有善恶的成分，可以使它善良，也可以使它不善良。

④**文、武**：指周文王、周武王。文、武，谥号。经纬天地曰文，威强叡德曰武，都是好的谥号。

⑤**幽、厉**：指周幽王、周厉王。幽、厉，谥号。昏昧不明曰幽，暴虐其民曰厉，都是不好的谥号。

⑥**有性善，有性不善**：有的人本性善良，有的人本性不善良。

⑦**象**：舜异母弟。生性凶狠傲慢，曾与父谋害舜。

⑧**瞽瞍**：音gǔ sǒu，舜的父亲。生性顽劣，爱其后妻子象，屡次想要谋害舜。瞽、瞍两字都是眼瞎的意思。舜父有目而不能分辨妍恶，故时人称他瞽瞍。

⑨**"以纣为兄之子"四句**：以纣这样残暴的侄儿，而且为君王，却有微子启、王子比干这样仁慈的叔父。纣，商朝最末的君主，名辛，残虐无道。微名启，纣之庶兄，封于微，子为爵名，故称微子。比干，纣之叔父，封于比，故称比干。两者皆为商之仁人。此处公都子引当时人之言，以为微子乃纣的叔父。

⑩**乃若其情，则可以为善矣**：就人性的本然而言，是能够为善的。乃若，发语词，无义。情，实，指人性之本然。

⑪**乃所谓善也**：这就是我所说的性善。乃，即、就是。

⑫**才**：犹材质，指人的本质而言。性、情、才皆指人本来具有的资质。统言之为性，析言之，才为其本体，情为其现象。

⑬**恻隐**：怜悯伤痛。

⑭**羞恶**：羞，耻己之不善。恶，音wù，憎人之不善。

⑮**是非**：此指道德心的是非。是，知其善而以为是。非，知其恶而以为非。

⑯**非由外铄我**：言并非因外来的陶铸，乃使我具有此仁、义、礼、智之性。铄，音shuò，以火销镕金属。

⑰**相倍蓰而无算**：相差一倍、五倍，乃至无数倍。蓰，音xǐ，五倍。无算　无数倍。

⑱**"《诗》曰天生蒸民"四句**：《诗经·大雅·烝民》之句。意思是说天生众民，凡有事物必有法则，如有耳目，则有聪明之德；有父子，则有慈孝之心。此乃民所秉执之常性，故人无不好此美德。蒸民，诗经作"烝民"，众民。秉，持。夷，《诗经》作"彝"，常。懿，美。

⑲**其知道乎**：大概懂得人性的道理吧！其，大概、可能。

解读

本章为孟子性善说的总纲。全章共分三段：首段言时人对人性的四种看法；次段言善性乃人所固有；末段引诗为证，谓好善为人之本性。

从公都子之问，可知当时除孟子的性善说外，对人性另有三种看法：

第一种说法，从自然生命（生物的本能、生理的欲望、心理的情绪）来看待人性，这种自然表现当然是中性，无所谓善或恶。但其问题是没有指出人与动物的不同，以及人之所以为人的可贵在哪里。

第二种说法，认为人性兼有善恶的成分，为善为恶，完全是受环境的影响，如同"近朱者赤，近墨者黑"一样，本此以论人性，则人性显然缺乏自主性。

第三种说法，倾向于以人后天的表现论人性，所举的例子并不恰当，因为象做了坏事，见到舜，仍会忸怩不安，瞽瞍亦终于被舜的孝心所感动，可见象、瞽瞍并非天生的性恶。

因此，孟子归结出人的本性应该是善的，如果做了不善的事，并非本性（才）所致。何以见得？因人人都有恻隐、羞恶、恭敬、是非之心，这些都是人人心中所固有的，不是由外来的陶铸而使我具此善性。只要能思、能求，自然能使之显发出来。而一般人由于不能尽其才（本性），以致使人在道德上有善恶的区别，相差一倍、五倍，乃至无数倍。

最后，孟子再引《诗》为证，并透过孔子的肯定，认为人的本性即天赋的法则，人所秉执的常性就是爱好美德。本性既然爱好美德，所以说人性本善。由此也可知性善论之源远流长。

相关名言

◎一切的恶，皆是教育与政治等各种制度下的错误，以至于使人性产生无知的谬误。

——【英国】欧文

◎善是一种实在的东西，人因为善，才有真正的生命。

——【美国】爱默生

（二）

人皆有不忍人之心

孟子曰："人皆有不忍人之心①。先王有不忍人之心，斯有不忍人之政矣。以不忍人之心，行不忍人之政，治天下可运之掌上②。

"所以谓人皆有不忍人之心者：今人乍③见孺子将入于井，皆有怵惕④恻隐之心；非所以内交⑤于孺子之父母也，非所以要誉⑥于乡党⑦朋友也，非恶其声⑧而然也。

"由是观之：无恻隐之心，非人也；无羞恶之心，非人也；无辞让之心，非人也；无是非之心，非人也。

"恻隐之心，仁之端也；羞恶之心，义之端也；辞让之心，礼之端也；是非之心，智之端也⑨。人之有是四端也，犹其有四体⑩也。有是四端而自谓不能者，自贼⑪者也；谓其君不能者，贼其君者也。

"凡有四端于我者，知皆扩而充之⑫矣，若火之始然⑬，泉之始达⑭。苟能充之，足以保四海⑮；苟不充之，不足以事父母。"

——《公孙丑上》

章旨

孟子言人皆有恻隐、羞恶、辞让、是非之心，此乃仁、义、礼、智之端，当懂得扩而充之。

注释

①**不忍人之心**：不忍害人，也不忍见他人受害之心，即仁心。

②**运之掌上**：转动于手掌之上，非常容易的意思。

③**乍**：忽然。

④**怵惕**：惊骇恐惧。怵，音chù。

⑤**内交**：结交。内，"纳"的本字，音nà。

⑥**要誉**：求得名誉。要，音yāo，求。

⑦**乡党**：乡里。古者万二千五百家为乡，五百家为党。

⑧**恶其声**：讨厌有不仁的坏名声。恶，音wù，讨厌、憎恶。声，指名声、声誉。

⑨**"恻隐之心，仁之端也"四句**：言恻隐、羞恶、辞让、是非之心，分别为仁、义、礼、智善性的发端。端，通"耑"，音duān，指草木初生的幼芽，引申为发端、开始之意。

⑩**四体**：四肢。

⑪**自贼**：指贼害自己的本性。

⑫**知皆扩而充之**：懂得全都加以推广且充实它。扩，推广。充，充实。之，指四端。

⑬**然**："燃"的本字，燃烧。

⑭**达**：通。

⑮**四海**：指天下。古人以为中国四境，皆有海环之，因此以四海为天下。

解读

本章也是孟子阐述性善依据很重要的一章。孟子性善说的直接论证，就在于"今人乍见孺子将入于井，皆有怵惕恻隐之心"一语。

研读此章有下列几点值得思考：

一、从"先王有不忍人之心，斯有不忍人之政"，可知人心是一切政治作为的基础。从"苟能充之，足以保四海"，可知德性主体的扩充或实践可以在政治中展现。

二、恻隐、羞恶、辞让、是非四种善心与仁、义、礼、智四种道德是相应的，但它只是道德的开端、萌芽，而不是道德的完成。人虽然具有善端，但必须不断地培养、扩充。

三、四心是区别人与非人的标准。没有恻隐、羞恶、辞让、是非之心就不能称之为人。四肢是生而具有的，同样的，四心、四端也是生而具有的。

相关名言

◎一颗仁爱的心比智慧更好，更有力量。

——【英国】狄更斯

（三）

良知良能

孟子曰："人之所不学而能者，其良①能也；所不虑而知者，其良知也。孩提之童②，无不知爱其亲者；及其长也，无不知敬其兄也。亲亲③，仁也；敬长，义也。无他，达之天下也。④"

——《尽心上》

章旨

孟子言亲亲的仁，敬长的义，乃人之良知良能。

上三章说明仁、义、礼、智等善性，乃根源于心，为吾人天生所有的良知良能。

注释

①良：在此指本然的、天赋的。

②孩提之童：指二、三岁之间，知咳笑、可提抱的幼儿。孩，"咳"之古字，音hái，小儿笑。提，提携怀抱。

③亲亲：亲爱亲人。上一"亲"字为动词；下一"亲"字为名词，指父母。

④无他，达之天下也：没有其他原因，因为普天下的人都具有仁义的善性啊。

解读

良知良能是不虑而知，不学而能的。不虑不学，即未经后天的经验学习。它是人性中本来就有的，是一种本然的善。这种本然的善落实在人的表现是什么呢？那便是亲亲的仁与敬长的义。有亲亲而后有仁之名，有敬长而后有义之名。亲亲与敬长，就是我本身先天所具有的道德，这是普天下之人都具有的善性，所以说："无他，达之天下也。"

相关名言

◎良心是我们心头的岗哨，监视着我们别做出违法的事情来。

——【英国】毛姆

025

（四）

舍生取义

孟子曰："鱼，我所欲也，熊掌，亦我所欲也；二者不可得兼，舍①鱼而取熊掌者也。生，亦我所欲也，义，亦我所欲也；二者不可得兼，舍生而取义者也。

"生亦我所欲，所欲有甚于生者②，故不为苟得③也。死亦我所恶④，所恶有甚于死者⑤，故患有所不辟⑥也。如使人之所欲莫甚于生，则凡可以得生者，何不用也⑦？使人之所恶莫甚于死者，则凡可以辟患者，何不为也⑧？由是则生，而有不用也；由是则可以辟患，而有不为也。是故所欲有甚于生者，所恶有甚于死者，非独贤者有是心也，人皆有之，贤者能勿丧耳。

"一箪食⑨，一豆羹⑩，得之则生，弗得则死。嘑尔⑪而与之，行道之人⑫弗受；蹴尔⑬而与之，乞人不屑⑭也。万锺⑮则不辨礼义而受之，万锺于我何加⑯焉？为宫室之美，妻妾之奉，所识穷乏者得我与⑰？乡⑱为身死而不受，今为宫室之美为之；乡为身死而不受，今为妻妾之奉为之；乡为身死而不受，今为所识穷乏者得我而为之；是亦不可以已乎⑲？此之谓失其本心⑳。"

——《告子上》

章旨

孟子论人之所欲有甚于生，所恶有甚于死者，此羞恶之心，人皆有之。而此羞恶之心，足以使人分辨礼义，舍生取义。

注释

①**舍**：放弃。

②**所欲有甚于生者**：所喜欢的有比生命还更重要的。所欲，指义。

③**苟得**：苟且得生。

④**恶**：音wù，憎恶。

⑤**所恶有甚于死者**：所憎恶的有比死还严重的。所恶，指非义。

⑥**辟**：通"避"，音bì，指苟且免于死。

⑦**凡可以得生者，何不用也**：凡是可以保全生命的方法，哪有不使用的呢？

⑧**凡可以辟患者，何不为也**：凡是能逃避祸患的事情，哪有不做的呢？

⑨**一箪食**：一小篓的饭。箪，音dān，盛饭的圆形竹器。食，音sì，饭。

⑩**一豆羹**：一碗羹汤。豆，食器。羹，音gēng，用肉、菜做的汤。

⑪**嘑尔**：大声呵叱的样子。嘑，通"呼"，音hū。尔，语末助词。

⑫**行道之人**：过路的人，指一般人。

⑬**蹴尔**：践踏的样子。蹴，音cù。

⑭**不屑**：不以为洁，有轻视之意。

⑮**万锺**：指厚禄。锺，古代量器，容六斛四斗。

⑯**于我何加**：对我有什么增益呢？

⑰**所识穷乏者得我与**：为了让我所认识的穷困者感激我的接济吗？所识，认识的人。得，通"德"，当动词用，感激他人的恩惠。与，通"欤"。

⑱**乡**：通"向"，音xiàng，以前。

⑲**是亦不可以已乎**：这些不也是可以罢休的吗？是，这、这些。亦，也。已，停止、罢休。

⑳**本心**：在此指羞恶之心。

解读

　　人生就是一连串的抉择，有大小，有难易。在此孟子告诉我们：面临价值冲突的困境时，应衡量其轻重，作较高价值的选择。而人生的最高价值，就是人格尊严与道德情操。

　　孔子论仁时，特别强调"志士仁人，无求生以害仁，有杀身以成仁"（《论语·卫灵公》），孟子加以发挥，以义为人具体行为的准则，说明人有义无反顾的道德勇气，有"舍生取义"的高尚情操。在日常生活中，这是极端的例子，也是道德实践中最严峻的考验，它是超越生命之上的最高价值准则。文天祥、史可法等节义之士在国家存亡的时候，都表现了这种伟大的精神。

相关名言

◎良将不怯死以苟免，烈士不毁节以求生。

——《三国志·魏书·庞德传》

◎狮子即使饿死在洞里，也不吃野狗剩下的唾余。

——【波斯】萨迪

◎我们的生命是天赋的，唯有献出生命，才能得到生命。

——【印度】泰戈尔

（五）

牛山之木

孟子曰："牛山①之木尝美矣。以其郊②于大国③也，斧斤④伐之，可以为美乎？是其日夜之所息⑤，雨露之所润，非无萌蘖⑥之生焉，牛羊又从而牧之，是以若彼濯濯⑦也。人见其濯濯也，以为未尝有材⑧焉，此岂山之性也哉？

"虽存乎人者，岂无仁义之心哉！其所以放其良心⑨者，亦犹斧斤之于木也。旦旦⑩而伐之，可以为美乎？其日夜之所息，平旦之气⑪，其好恶与人相近也者⑫几希⑬。则其旦昼⑭之所为，有梏亡⑮之矣。梏之反覆，则其夜气不足以存；夜气⑯不足以存，则其违⑰禽兽不远矣。人见其禽兽也，而以为未尝有才焉者，是岂人之情也哉？

"故苟得其养，无物不长；苟失其养，无物不消。孔子曰：'操⑱则存，舍则亡；出入无时，莫知其乡⑲。'惟心之谓与⑳。"

——《告子上》

🌸 **章旨**

　　孟子以牛山之木为喻，言人之所以为不善，乃由于不知操持存养，而放失搅乱其良心所致。

　　上二章言人之所以蔽于物欲而有不善，是放失本心的缘故；可见良心、善性，贵得其养。

🌸 **注释**

①**牛山**：山名，在齐国都城临淄外东南方。

②**郊**：邑外。于此句中用作动词，作"邻近"解。

③**大国**：指齐国都城临淄（今山东省淄博市）。国，国都、都城。

④**斧斤**：皆砍木头的工具；斧的刃是直的，斤的刃是横的。

⑤**是其日夜之所息**: 其日夜之间生长的枝芽。是，犹"夫"，发语词，无义。息，生长。

⑥**萌蘖**: 新长出的嫩芽。萌，嫩芽。蘖，音niè，旁出的新芽。

⑦**濯濯**: 光洁的样子，在此指山无草木。

⑧**材**: 在此指草木。

⑨**放其良心**: 亡失他本然的善心（即仁义之心）。放，亡失。

⑩**旦旦**: 天天。

⑪**平旦之气**: 指未与物交接时的清明之气。平旦，平明破晓之时。

⑫**其好恶与人相近也者**: 指好善恶（音wù）恶（音è）之心与人的本心相接近之处。好恶，指好善恶恶之心。

⑬**几希**: 很少。几，音jī，细微、不多。希，通"稀"。

⑭**旦昼**: 白天。

⑮**有梏亡**: 又被搅乱而亡失。有，通"又"。梏，音gù，搅乱。

⑯**夜气**: 指夜间所生清新之气。

⑰**违**: 去、距离。

⑱**操**: 保持。

⑲**乡**: 通"向"，音xiàng，去向。

⑳**惟心之谓与**: 大概是指心而说的吧！惟，其、大概。

解读

有人质疑：人性既然是善的，而人的恶行又从何而来？本章里，孟子的说明正好给我们一个答复。

首先，他举牛山上的草木为例，以其位于齐国首都临淄城郊外，而被砍尽啃光，不能因此就说牛山本无林木之美，借此说明人之为恶，并非人的本性是恶的。

其次，他以"平旦之气"、"夜气"来证明良心、仁义善性的存在。所谓平旦之气，就是每一个人都有的，经过一夜的养息后，在天刚亮时，所呈现的清明之气。这种清明之气，未与任何事物接触，生理欲望和心理情绪还未开始活动，所以神智清明，能够引发良心的显露。可是由于白天的所作所为，一再搅乱，终使良心亡失。良心不能显露，自然离禽兽不远。然而这种禽兽的表现，却不是人真实的本性，正如牛山之木遭斧斤砍伐、牛羊放牧一样。

人性本善，并不能保证人就有善的行为。鉴于人之善性很容易像牛山之木被砍尽啃光，最后孟子提醒我们：善心善性要操持存养，才能发荣滋长。

相关名言

◎真理常在，唯能辟开心灵之重障者，始能认识其真意。

——【美国】爱默生

◎我的良心就是我的上司。她驱使我工作，可是不让我接受诱惑性的邀请。

——【美国】威尔逊

（六）

养心莫善于寡欲

孟子曰："养心莫善于寡欲①。其为人也寡欲，虽有不存②焉者寡矣；其为人也多欲，虽有存焉者寡矣。"

——《尽心下》

章旨

孟子教人养心存性的方法，在于寡欲。

注释

①**寡欲**：减少欲望。寡，少。欲，指耳、目、口、鼻、四肢等的欲望。

②**不存**：在此指失其本善之心。

解读

人有内在的善性，同样也有耳、目、口、鼻、四肢等的欲望，都是先天所具有的。善性固然是为善的动力，但欲望往往是道德实践的阻力。

寡欲就是减少不当的欲望，减少外界环境的诱因，也是道德修养的一种。欲寡则天生的仁心、善性不易被牵引而能呈现，欲多则天生的仁心、善性容易被牵引而不彰，故孟子认为"养心莫善于寡欲"。

但是孟子并非否定合理的人欲。他曾说："可欲之谓善。"（《尽心下》）又说："无欲其所不欲。"（《尽心上》）可见欲"可欲"是善的，欲"不可欲"才是恶的。

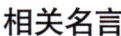

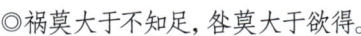

相关名言

◎祸莫大于不知足，咎莫大于欲得。

——《道德经》

◎能力有限，欲海无边：人是贬入凡间的神，却没有忘记天国的一切。

——【法国】拉马丁

（七）

大体与小体

公都子问曰："钧①是人也，或为大人②，或为小人③。何也？"

孟子曰："从其大体④为大人，从其小体⑤为小人。"

曰："钧是人也，或从其大体，或从其小体。何也？"

曰："耳目之官不思，而蔽于物⑥；物交物，则引之而已矣⑦。心之官则思，思则得之⑧，不思则不得也。此天之所与我者⑨，先立乎其大者⑩，则其小者不能夺也⑪，此为大人而已矣。" ——《告子上》

章旨

　　孟子言心为人之大体，耳目之官为小体，先立其大，则小者不能夺，如此则能成为大人（君子）。

注释

　　①钧：通"均"，同样。

　　②大人：指有品德的人，即君子。

　　③小人：指没有品德的人。

　　④从其大体：跟随本心所具的善性行事。从，跟随。大体，指心。

　　⑤从其小体：跟随耳、目、口、鼻、四肢的欲望发展。小体，指耳、目、口、鼻、四肢之类。

　　⑥耳目之官不思，而蔽于物：耳目等器官的官能不会思想，不能自作主宰，因而易受声色等外在事物的蒙蔽。官，器官，引申为官能。

　　⑦物交物，则引之而已矣：耳目等器官本身也是一种器物，当它与外界的声色事物相接触，就会被引诱去了。物交物，指物与物接触。第一个"物"，指人的"耳目之官"；第二个"物"，指外物。交，接触。引，牵引、引诱。

　　⑧心之官则思，思则得之：心的官能就具有道德思考能力，能自作主宰，故能得其义理。之，指义理。

⑨**此天之所与我者**：指心是上天赋与人者。

⑩**先立乎其大者**：先建立大体的本心、善性。大，大体，指心。

⑪**小者不能夺**：小体的耳目之欲就不能夺取本心、善性。夺，侵犯、强取。

 **解读**

研读此章，首先要了解大人、小人与大体、小体的意义，以及"思"的重要性。所谓大人、小人，是指以道德、人格区分的君子、小人，与社会地位的贵贱无涉。所谓大体，是指具有道德思辨能力的心；所谓小体，是指没有道德思辨能力的耳目。所谓思，是指内心所作的道德思考判断。懂得作道德思考判断，就不会失去人所本有的善心、善性。

孟子以为思的能力，来自于心。所以，心是一切价值意识的根源。人之为恶，是因为人的本心不能发挥道德思考的作用与判断的能力。

所以如何保持本心，以发挥其作用与能力，乃是我们从事道德修养最主要的课题。

相关名言

◎人只不过是一根苇草，是自然界最脆弱的东西，但他是一根能思想的苇草。

——【法国】帕斯卡尔

◎不是自己在思考的人，行动也不是由自己作主。

——【法国】雨果

（八）

求其放心

孟子曰："仁，人心①也；义，人路②也。舍其路而弗由③，放④其心而不知求，哀哉！人有鸡犬放，则知求之；有放心，而不知求。学问之道无他，求其放心⑤而已矣。"

——《告子上》

章旨

孟子言求回放失之本心，乃为学之本。

上三章言能寡欲而思，求其放失之本心，则可以恢复原有的善性。

注释

①**人心**：人的本心。

②**人路**：人行事必须遵循的正道。

③**由**：行。

④**放**：亡失。

⑤**求其放心**：求回放失的本心。

解读

在孟子的道德理论中，经常仁义合论。仁是道德的本身，是人之所以为人的本质，也是心的本质；义是人行为的准则或规范，是身心活动所应遵行的道路，待人接物由义而行，便能合理合宜。因此孟子说："仁，人心也；义，人路也。"

可是，偏偏有人不走正路，放失本心而不知省思反求，失去了为人的本质，真是人生最大的悲哀。在此孟子以饲养的鸡犬走失，懂得把它找回来为喻，说明放失本心不知求，是舍本逐末，比喻浅显易懂。但"鸡犬放，则知求之"是向外找，"放其心"则不可往心外求。

最后，孟子告诉我们：求学问的要领在于找回放失的心，让本心呈现作主。此处"学问"二字，偏指做人、道德实践而言。

相关名言

◎我心体具备一切，我只要念念不离我之灵明，我将绝对完满自足，无待于外。

——唐君毅

◎顶不住眼前的诱惑，便失掉了未来的幸福。

——【印度】泰戈尔

问题与讨论

一、 孟子性善说的主要论证是什么？

二、 既然人性本善，那人的恶行又如何产生？孟子如何辩证澄清？

三、 孔子说"杀身成仁"，孟子说"舍生取义"，对此你有何看法。

四、 请说明耳目之官与心之官的作用有何不同。

五、 "欲望"是善是恶？孟子为什么说"养心莫善于寡欲"？请讨论之。

叛逆中的皈依

——小布什

在公众的眼中，小布什（乔治·沃克·布什，美国第43任总统）既有"傻、呆、笨"的愚鲁感，又有活泼与搞怪的幽默感，虽然他演讲时口误不断，甚至由于阿富汗和伊拉克两场反恐战争，让媒体对他恶评如潮，但无论你爱他还是恨他，小布什跌宕起伏的一生，时隔多年，仍让美国的民众在温情的回忆中，品味着一个粗野的牛仔在叛逆中皈依的光芒。

出生于政治豪门家族的小布什，并没有如常人想象般的智慧与敦厚，一开始他就以叛逆性的顽劣书写着自己的童年。13岁时，他开始偷偷地学抽烟，还学会了粗口骂人，欺负自己的弟弟更是家常便饭的事。母亲带他去教堂的时候，他对修女不是说："女士，您早!"而是粗野地说："嗨，小妞，你看起来很性感。"一切放荡而粗野的举动让他的父母脸上无光。喜欢表现自己、爱出风头的小布什，在功课学习方面表现平平，甚至有些糟糕。每天他都穿着一身邋遢衣服，到上课时才匆匆赶到教室，好像是刚从床上爬起来。他常常坐在教室的最后面，嘴里嚼着口香糖，或是用鼻子闻他的鼻烟，以至于让他班上的同学不敢相信——他是当时共和党全国委员会主席的长公子。

小布什的语言表达能力不强，即便是他母亲花不少时间亲自为他补习英文，也无济于事。但是，他对历史却情有独钟，因为他的历史老师汤姆·尼昂年轻且充满才华与激情。在汤姆·尼昂的影响下，小布什对历史产生了兴趣，讲起历史事件来如数家珍，引人入胜。正如他自己回忆说："他对历史有一种激情。他把这种激情传递给他的学生。他教导我，历史通过过去及其教训给我们以借鉴，并帮助我们预见未来。汤姆·尼昂对形成美国政史的历史时间的生动描绘，抓住了我的想象力，他不仅是一个伟大的历史老师，而且是一位能激励鞭策人的人。"但是，仅有的一点光亮并没有改变他的顽劣，以至于成年后仍有人对他的过去念念不忘。

有一次，籍籍无名的小布什随着父亲老布什（乔治·赫伯特·沃克·布什，美国第41任总统）到英国进行国事访问。在出席英国女王举行的欢迎国宴上，老布什担心生性顽劣的儿子一不小心会在语言上冲撞英国女王，特意把小布什安排在远离英国女王的末席位置。在国宴进行期间，没料到英国女王突然心血来潮走到小布什跟前，同小布什开起了玩笑，她问小布什："听说你是你们家的惹事精，是这样吗？"面对这令人尴尬的问题，小布什眼睛眨都没眨就回答道："谁的家里都有惹事精，难道您的家里就没有吗？"一句话噎得英国女王张口结舌，满席宾客面面相觑，国宴大厅鸦雀无声。说来奇怪，英国女王不但不怪罪，事后反而在私下里向亲友表示她很喜欢小布什。

40岁左右的时候，小布什遭遇了一连串的挫折：竞选联邦众议员失败，家族交给他经营的石油公司破产……他开始酗酒，在无度的饮酒中渲泄成绩斐然的父亲留给一位浪子的沉重与压抑。直到1985年，在与葛培理在海滩上散步时的一席谈话之后，小布什下定决心戒酒，并改掉一切"恶习"。正如小布什所说，葛培理在他的灵魂里种下了一颗芥菜籽，它在第二年长了起来。小布什利用每个星期一晚上的时间，参加了一个读经班，把喝着酒、看电视转播美式足球赛的习惯，变成读经班的聚会，在读经班里他重新认识并找回了自己。

从1994年到2001年1月20日，小布什从州长走向了白宫。在他的世界里，黑白分明，不拘小节，但粗中有细。爱他的人说他是真英雄，恨他的人骂他是大恶人，但没有人说他是伪君子。一次在耶鲁大学创立200年校庆典礼上，当有学生嘲笑小布什是C等学生时，他只是略微提高了嗓门对台下的学生们说道："对于学习成绩得A的学生，我要说，你们干得好；对于学习成绩得C的学生，我要说，你们也可以当美国总统！"话音未落，台下令人尴尬的嘘声顿时变成了一片善意的笑声。

在小布什担任美国总统的八年中，曾创造连续52个月就业增长的纪录。他拿出了60亿美元在全球进行艾滋病防治工作，还进行了教育改革，提升了美国中小学的教育质量。小布什在即将结束自己的总统生涯时，面对媒体说："我希望自己在人们的记忆中首先也是最重要的是，没有为了迎合政治而出卖我的灵魂。我带着自己的价值观念来到华盛顿，也将带着同样的价值观离开。"

可以说，如果没有40岁时的成功戒酒，就没有后来的小布什；而小布什的亲近经典与成功戒酒，也告诉每一个渴望让自己变得更好的人：不管你现在多么糟糕，只要你愿意回头，你就真的会变好！

1.【1999年高考语文上海卷】

阅读下文,完成文后问题。(4分)

　　明季吴县洞庭山,乡有樵子者,貌甚寝而伟,姓名不著,绝有力。每暮夜樵采,独行山中,不避蛇虎。所得薪,人负百斤而止,樵独负二百四十斤,然鬻于人,止取百斤价。人或讦问之。樵曰:"薪取之山,人各自食其力耳。彼非不欲多负,力不赡也。吾力倍蓰而食不兼人,故贱其值。且值贱,则吾薪易售;不庸有利乎?"由是颇异之,加刮目焉。

　　樵目不知书,然好听人谈古今事,常激于义,出言辩是非,儒者无以难。尝荷薪至演剧所,观《精忠传》,所谓秦桧者出,樵怒,飞跃上台,摔桧殴,流血几毙。众咸惊救。樵曰:"若为丞相,奸似此,不殴杀何待?"众曰:"此戏也,非真桧。"樵曰:"吾亦知戏,故殴;若真,膏吾斧矣!"其性刚疾恶类如此。

　　本文叙述了两件事,表现了"髯樵"性格的两个侧面,一是_____,二是_____。

2.【2001年高考语文上海卷】

阅读下文,完成文后问题。(2分)

　　王烈字彦方,太原人也。少师事陈实,以义行称。乡里有盗牛者,主得之,盗请罪曰:"刑戮是甘,乞不使王彦方知也。"烈闻而使人谢之,遗布一端。或问其故,烈曰:"盗惧吾闻其过,是有耻恶之心。既怀耻恶,必能改善,故以此激之。"后有老父遗剑于路,行道一人见而守之,至暮,老父还,寻得剑,怪而问其姓名,以事告烈。烈使推求,乃先盗牛者也。诸有争讼曲直,将质之于烈,或至涂而反,或望庐而还。其以德感人若此。

　　你认为王烈能使盗贼改过自新靠的是什么?

　　答:_____

3.【2008年高考语文北京卷】

下列语句画线处所指的文学家,依次是(　　)(3分)

①淋漓襟袖啼红泪,比<u>司马</u>青衫更湿

②<u>陈王</u>昔时宴平乐,斗酒十千恣欢谑

③铁板铜琶,继<u>东坡</u>,高唱大江东去

④幽愁发愤,著成<u>信史</u>照尘寰

A. 李清照　李　白　苏　轼　欧阳修

B. 白居易　曹　植　辛弃疾　司马迁

C. 白居易　李　白　辛弃疾　欧阳修

D. 李清照　曹　植　苏　轼　司马迁

4.【2011年台湾地区国文考题】

清代《四库全书》分古书为经、史、子、集四部,下列叙述,正确的选项是（　　）(2分)

A. 屈原作品收录于《楚辞》,故《渔父》须查集部。

B.《左传》以鲁史为中心,编年记事,故列于史部。

C.《道德经》为道家最重要的经典,可在经部查阅。

D. 孟子为先秦诸子之一,故《孟子》一书列于子部。

5.【2011年台湾地区国文考题】

《论语·乡党》"沽酒市脯,不食"中的"市"意为"买",《宋史·太祖本纪》"市二价者,以枉法论"中的"市"则意为"卖",前后"市"字意义不同。下列各组语词"　"中的字,前后意义不同的选项是（　　）(2分)

A. 物伤其"类"/出"类"拔萃

B. 折冲"樽"俎/移"樽"就教

C. "去"职数年/"去"国怀乡

D. "疾"恶如仇/大声"疾"呼

引 言

义利之辨为历代儒者为人、处事、治学的第一关键。南宋张栻著《孟子讲义》，在其序中说："学者潜心孔、孟，必得其门而入，愚以为莫先于义利之辨。"朱熹写信给他的老师李侗报告读书心得时，强调："义利之说乃儒者第一义。"陆九渊访朱熹于白鹿洞书院，为诸生讲义利之辨，听者莫不悚然心动，至有泣下者。朱熹、陈亮书札往返，亦以义利王霸为论辩主题，可见义利之辨为千百年来儒者心系的重要课题。

义利之辨既是如此重要，那什么是义？什么是利？儒家所说的义，大致有两层内涵：一层是指事物或现象的最适宜状态，凡是正当的、合理的都可称为义；另一层是指构成理想人格的道德秉赋，及超越生命之上的道德情操（如舍生取义）。至于利，可简单以小利、大利来区分，小利指一己之私，大利指对最大多数人幸福之利益。儒家认为不论大利、小利的取得，都必须合乎义的规范，以义为最高的判断标准，因此而有义利之辨。

（一）

仁义而已矣

孟子见梁惠王①。王曰："叟②！不远千里③而来，亦将有以利吾国乎④？"

孟子对曰："王何必曰利？亦⑤有仁义而已矣。王曰：'何以⑥利吾国？'大夫⑦曰：'何以利吾家⑧？'士庶人⑨曰：'何以利吾身？'上下交征利⑩，而国危矣。万乘之国，弑⑪其君者，必千乘之家；千乘之国，弑其君者，必百乘之家。万取千焉，千取百焉，不为不多矣，苟为⑫后义而先利，不夺不餍⑬。

未有仁而遗其亲者也；未有义而后⑭其君者也。王亦曰仁义而已矣，何必曰利？"

——《梁惠王上》

章旨

孟子力斥功利主义之害，劝梁惠王治国当以仁义为依归，以根治争权夺利之纷乱。

注释

①**梁惠王**：即魏惠王，姓魏，名䓖，谥号惠。本侯爵，僭越称王。魏国本都安邑（今山西省夏县），以近于秦，后迁都大梁（今河南省开封市），故号曰梁惠王。

②**叟**：对长者的敬称，犹今之"老先生"。

③**不远千里**：不以千里为远。形容来人的热忱。

④**亦将有以利吾国乎**：则将有办法对我国家有利吧？亦，则、那么。有以，有办法。利，指富国强兵之类。

⑤**亦**：但、只。

⑥**何以**：即"以何"，用什么、怎么样。

⑦**大夫**：官称。三代时官员分卿、大夫、士三级。至战国时，大夫专指在诸侯国内，由诸侯封以"采邑"并执政的大夫。

⑧**家**：有"采邑"的执政大夫，称为家，非指今所谓的家庭。"采邑"由诸侯分封，其土地收入

作为大夫的俸禄。古代诸侯受封于天子而建"国"，卿、大夫受封于诸侯而立"家"。

⑨**士庶人**：士是古代贵族中最低的一级。庶人，指百姓，庶，众。

⑩**上下交征利**：全国上下相互夺取私利。交，相互。征，夺取。

⑪**弑**：音shì，杀。专指下杀上。贱杀贵。

⑫**苟为**：假如是。苟，如果、假使。

⑬**餍**：音yàn，满足。

⑭**后**：不急、怠缓。

解读

本章为《孟子》七篇中第一篇第一章，后世称孟子严义利之辨，即以此章为代表。太史公读《孟子》书至梁惠王问何以利吾国，尝废书而叹，说："嗟乎！利诚乱之始也！夫子罕言利者，常防其原也。故曰：'放于利而行，多怨。'"（《史记·孟子荀卿列传》）"利为乱始"，可见孟子劝梁惠王"先义后利"之说的高瞻远瞩。

孟子见梁惠王是在公元前320年。梁本是个强国，可是在此之前，"东败于齐，长子死焉；西丧地于秦七百里；南辱于楚"（梁惠王告诉孟子的话，见《梁惠王上》），国势已经式微了。所以惠王一见孟子劈头就说："叟！不远千里而来，亦将有以利吾国乎？"希望孟子提供他富国强兵的办法，以雪耻图强。可是孟子却马上驳斥说："王何必曰利？亦有仁义而已矣。"并进而解释：如果人人以利为首要目标，其结果势必造成利益冲突，互相残杀，上下离心离德，使国家陷于危亡的地步。反之，以仁义之道作为政治纲领，则人人亲亲敬长，不遗其亲，不后其君，自然上下和睦，民生安乐。这才是振兴国家的根本之策。

在此仁义代表着伦理道德的价值观。从孟子的"何必曰利"及"苟为后义而先利，不夺不餍"的话来看，其重点不在否定"利"的价值，而是要凸显义利价值观的不同，以及义利之间的优先级。

相关名言

◎夫仁人者，正其谊不谋其利，明其道不计其功。

——《汉书·董仲舒传》

◎在我们这个世界里，骗子真是不胜其多，不过中国佛教徒已经把许多的小骗子，归纳于两个大骗子之中，就是名和利。

——林语堂

舜与跖之分

孟子曰："鸡鸣而起，孳孳^①为善者，舜之徒也；鸡鸣而起，孳孳为利者，跖^②之徒也。欲知舜与跖之分，无他，利与善之间^③也。"

——《尽心上》

章旨

孟子说明舜之圣与跖之盗，在于为善与逐利的不同而已。

由上二章可见不论治理国家、与人相接，或修养己身，皆当以义而不以利；故义利之辨不可不审。

注释

①孳孳：同"孜孜"，勤勉不懈。孳，音zī。

②跖：音zhí，亦作"蹠"，人名。相传为春秋时鲁人，柳下惠之弟，为一横行天下之大盗。

③间：音jiàn，别、不同。

解读

孔子以"喻于义"和"喻于利"来判定君子与小人的分别，谓"君子喻于义，小人喻于利"（《论语·里仁》）。本章孟子则以"为善"和"为利"来分辨舜和跖的不同。舜代表的意义是圣人，是君子；跖代表的意义是强盗，是小人。

鸡鸣而起，孳孳为善，则造福人群，日进其德，使自己成为圣贤，成为君子，自然是好的。但鸡鸣而起，孳孳为利，为什么就会成为盗跖、小人之类的人呢？孔子说过："富与贵，是人之所欲也。"（《论语·里仁》）孟子也说："人亦孰不欲富贵？"（《公孙丑下》）可见孔子、孟子都知道富贵利禄皆人之所欲，其实并不反对人们去追求，他们反对的只是不顾仁义的孳孳为利。

当一个人唯利是图时，则放辟邪侈，任何卑鄙无耻的事都做得出来。因此儒家讲求见利思义、先义后利，义利不可不辨。即使公利、利天下的大事，也当以义为最高的判断标准，不能为达到目的而不择手段。

相关名言

◎私视使目盲，私听使耳聋，私虑使心狂。

——《吕氏春秋》

◎地下的金子要从矿脉里挖取，守财奴的金子要从他的灵魂里发掘。

——【波斯】萨迪

问题与讨论

一、 梁惠王希望不远千里而来的孟子，能给他带来好处，孟子却回答"王何必曰利？亦有仁义而已矣。"是否迂阔不切实际？或者另有其深入的见解？

二、 "天下熙熙，皆为利来；天下攘攘，皆为利往。"利的追求乃人类社会的共同现象，而孟子竟说："鸡鸣而起，孳孳为利者，跖之徒也。"何以故？请讨论之。

三、 请依孟子的义利观，就目前社会现象举一例加以评论。

天才与天使

——比尔·盖茨

提起比尔·盖茨，让很多人惊叹的是他富可敌国的财富。一个美国商人只用了20年左右的时间，就成为亿万富豪，并连续13年蝉联全球首富。曾经有人计算过，比尔·盖茨拥有的财富可以买31.57架航天飞机，或者344架波音747客机。但是，当我们真正透视他的过去与现在就会发现，财富的辉煌只不过是天才痴迷于软件开发的衍生物。

"盖茨是为电脑而生的，而他也把电脑带入到了一个美丽的新世界……"从8年级开始，盖茨就和同学一起帮人设计简单的电脑程序，在赚取零用钱的同时，更多的是获取了快乐。盖茨进入湖滨中学后，更痴迷于电脑，无心上其他课，每天都泡在计算中心。高中时，为获得源代码，盖茨和艾伦利用当地一家叫C-Cubed的公司拥有的DEC小型机锻炼了自己的编程技术。到了晚上，盖茨去翻这家公司的垃圾箱，在里面找有用的东西。一次偶然的机会，他居然在垃圾桶里找到了一份TOPS-10操作系统源代码的打印文件。

"与其做一株绿洲中的小草，还不如做一棵秃丘上的橡树。" 痴迷的天性与远大的理想让天才在思考与创新中收获快乐。他觉得人人都应有自己的创造发明。"把眼光看远一点，超快乐，超有趣"是他的口头禅。盖茨上9年级的时候，TRW公司的工程师在架设西北输电网络时遇到了问题，一筹莫展。当他们根据湖滨中学计算中心的一份《问题报告书》，打电话向制作这份报告的两位"侦测错误大师"（盖茨和艾伦）求助时，他们根本没有想到，这两位大师竟然只是9年级和10年级的学生！

"他是个天才，有着令人难以置信的专注。"20岁时，盖茨用两个月通宵达旦的心血和智慧制造了世界上第一个BASIC编译器。三个月之后，盖茨敏感地意识到，计算机的发展太快了，等自己大学毕业后，很可能就失去了一个千载难逢的好机会，于是他毅然决然地退学了，和艾伦创立了微软公司。一个创造力超级旺盛的天才科学家，不做别人在做的事情，通过发明创造开创新的领域，天才源于痴迷与专注，最终成就了辉煌的事业。

作为父亲，他有着天使般的慈爱，对于在饥饿与病痛中挣扎的穷人，他也有着天使般的仁慈。人们很难想象，比尔·盖茨会常常哄拍女儿睡觉，有时，他自己也睡着了，早晨，家人常常会发现他趴在孩子床边打呼噜。比尔·盖茨宁肯自己照顾孩子，也不要佣人帮忙。

盖茨温情的背后也有着不为人理解的吝啬。在一次请访问他的记者吃饭时，比尔·盖茨就是吃的汉堡包。记者问他："你一个项目的赢利就几亿美元，准备怎么用？"他平淡地说："可以买好多个好多个汉堡包。"比尔·盖茨想到的是，在这个世界上还有很多人吃不上汉堡包。饶有意味的是，比尔·盖茨一度被知名杂志《经济学人》批评为"吝啬的"、"坐拥金山、自绝于世"的人，但盖茨却用实际行动给予了最有力的回应。

2008年6月，盖茨正式退休，他的遗嘱中不给自己的孩子留遗产，宣布拿出98%给自己创办的以他和妻子名字命名的"比尔和梅林达·盖茨基金会"，这笔钱将用于研究艾滋病和疟疾的疫苗。前美国总统卡特赞叹说，这个基金会已经拯救了至少70万个生命。一代微软天骄临大利而不易其义，完成了他由天才向天使的华美转变。

比尔·盖茨给青年的11条忠告

1. 生活是不公平的，你要去适应它。

2. 这个世界并不会在意你的自尊，而是要求你在自我感觉良好之前先有所成就。

3. 刚从学校走出来时你不可能一个月挣4万美元，更不会成为哪家公司的副总裁，还拥有一部汽车，直到你将这些都挣到手的那一天。

4. 如果你认为学校里的老师过于严厉，那么等你有了老板再回头想一想。

5. 卖汉堡包并不会有损于你的尊严。你的祖父母对卖汉堡包有着不同的理解，他们称之为"机遇"。

6. 如果你陷入困境，那不是你父母的过错，不要将你理应承担的责任转嫁给他人，而要学着从中吸取教训。

7. 在你出生之前，你的父母并不像现在这样乏味。他们变成今天这个样子是因为这些年来一直在为你付账单、给你洗衣服。所以，在对父母喋喋不休之前，还是先去打扫一下你自己的屋子吧。

8. 你所在的学校也许已经不再分优等生和劣等生，但生活却并不如此。在某些学校已经没有了"不及格"的概念，学校会不断地给你机会让你进步，然而现实生活完全不是这样。

9. 走出学校后的生活不像在学校一样有学期之分，也没有暑假之说。没有几位老板乐于帮你发现自我，你必须依靠自己去完成。

10. 电视中的许多场景决不是真实的生活。在现实生活中，人们必须埋头做自己的工作，而非像电视里演的那样天天泡在咖啡馆里。

11. 善待你所厌恶的人，因为说不定哪一天你就会为这样的一个人工作。

1.【1999年高考语文上海卷】

除"列传"外,《史记》记述人物的体裁还有_____、_____。(写两种)(2分)

2.【2000年上海春季高考语文卷】

"东坡"是宋代文学家 _____的号,《念奴娇·_____》是他的名篇, 其中"羽扇纶巾,谈笑间,_____"等句寄托了他建功立业的理想。(4分)

3.【2007年新加坡GCE A-Level H2试题】

试解释下列画线的词语。(6分)

(1)环堵萧然,不蔽风日:_____

(2)短褐穿结,箪瓢屡空,晏如也:_____

(3)不戚戚于贫贱,不汲汲于富贵:_____

4.【2007年新加坡GCE A-Level H2试题】

陶渊明在《五柳先生传》文末发出"无怀氏之民欤? 葛天氏之民欤? "这样的感叹,其用意何在?(6分)

_____

_____

_____

_____

5.【2010年高考语文福建卷】

阅读下面的《论语》、《孟子》选段。回答问题。(6分)

①子曰:"盖有不知而作之者,我无是也。多闻,择其善者而从之。多见而识之。"(《论语·述而》)

②孟子曰:"子路,人告之以有过,则喜。禹闻善言,则拜,大舜有大焉,善与人同,舍己从之,乐取于人以为善。"(《孟子·公孙丑上》)

(1)下列对选段内容的理解,不正确的一项是( )(3分)

A. 要想事业有成,做一个有益于社会的人,就必须勤奋学习,多闻多见,掌握丰富的知识。

B. 儒家认为，一个人在实际生活中，不仅要虚心接受别人的批评，而且要对批评者心怀感激。

C. 孟子引用子路、禹、舜的事迹，目的就是劝诚人们要勇于检讨自己的缺点，发现别人的优点。

D. 历史上一些有识之士，不仅善于学习别人的优点，而且为求同存异，往往保留自己的观点。

（2）结合上面选段，谈谈你对"乐取于人以为善"这句话的看法。（3分）

答:_____

_____

_____

论涵养
（选十六章）

引 言

050

　　孟子之涵养论以"存"、"养"两字最为重要。《孟子》书中"存"字凡二十三见，"养"字凡五十九见，所谓"虽存乎人者，岂无仁义之心哉"（《告子上》）、"君子所以异于人者，以其存心也。君子以仁存心，以礼存心"（《离娄下》）、"我善养吾浩然之气"（《公孙丑上》）、"苟得其养，无物不长；苟失其养，无物不消"（《告子上》）。凡此种种都与道德修养有关，大抵说来，就是"存其心，养其性"（《尽心上》）。存就是保留其本心，养就是涵养其本性。本心本性即仁、义、礼、智之善心善性。欲保留人之善心善性，使其良知良能呈现，则当求其放心，反求诸己，明善诚身；欲涵养人之善心善性，使其成为良好的德行，则当扩充四端，动心忍性，知言养气。如此能存心养性，则能到达尽心知性，知性知天，知命立命的地步。

　　本单元选录较具体而容易领会者十六章，分成六个主题，约略说明如下：

　　一、"守约施博"、"知言与养气"、"此之谓大丈夫"三章，揭示涵养始于修身，而以经世致用，平治天下为其目标。进而阐示知言知人与养浩然之气的方法，并以不被外在形势所夺，呈现“富贵不能淫，贫贱不能移，威武不能屈”的大丈夫人格典型。

二、“人不可以无耻”、“耻之于人大矣”、“骄其妻妾”三章，旨在强调耻对于人的重要。无耻的人，任何卑鄙下流、失去人格的事都做得出来。

三、“辞受之道”、“过犹不及”二章，旨在说明取与、生死之理，以合于义为准则。

四、“生于忧患，死于安乐”、“操危虑深”二章，旨在说明忧患意识的重要，以及恶劣的环境反而可以磨练一个人的人格，激发其潜能。

五、“西子蒙不洁”、“反求诸己”、“爱人者人恒爱之”三章，旨在说明改过向善，以及自我反省的重要。

六、“自暴自弃”、“与人为善”、“君子有三乐”二章，旨在说明人不可自暴自弃，当居仁由义、取人之善，以及天伦美满、心安理得、作育英才的快乐。

（一）

守约施博

孟子曰："言近而指远①者，善言②也；守约而施博③者，善道④也。君子之言也，不下带而道存焉⑤。君子之守，修其身而天下平。人病舍其田而芸人之田⑥，所求⑦于人者重，而所以自任⑧者轻。" ——《尽心下》

章旨

孟子告谕人不可舍本逐末，必先修己而后始能治人。

注释

①**言近而指远**：言辞浅近，意旨却深远。指，通"旨"意旨、意向。

②**善言**：美言，指美好、高妙的言论。

③**守约而施博**：持守简约，施德却广博。约，简。博，大。

④**善道**：善行。

⑤**不下带而道存焉**：指浅近的话就有极深的道理存在。不下带，不到腰带之下，喻指眼前浅近之处。

⑥**人病舍其田而芸人之田**：一个人最怕的是舍弃自己的田地不耕种，却去铲除别人田里的杂草。病，患。舍，舍弃。其，指称词，指自己。芸，通"耘"，除草。

⑦**求**：责求。

⑧**任**：担负。

解读

儒家论身心修养的终极目标乃在于经世致用，平治天下。本章之旨意，亦不外乎此。

言近指远的善言对应于"君子之言，不下带而道存焉"，表示修道不必求于远处，只须能近取譬，日常生活之中就有深远的道理存乎其中。守约施博的善道，对应于"君子之守，修其身而天下平"，修其身就是守约，天下平就是施博。"人病舍其田而芸人之田"是譬喻，比喻自己不修身，却要求别人修身，责求于别人的太多太重，而自己担负的太少太轻。换言之，亦即不守约而务施博，言下有"舍本逐末"之意。

此章给我们的最大启示是：涵养应从自身做起。千万不要好高骛远，放着自己分内的事不做，却要求别人去做；让自己的田园荒废，却去铲除别人田里的杂草。从浅近之处做起，然后一步一脚印，逐层渐进，才有可能达成远大的目标。

相关名言

◎不完成目的的活动就不是实践，而实践是包括了完成目的在内的活动。

——【古希腊】亚里士多德

论涵养

053

知言与养气（节选）

（公孙丑①问曰：）"敢问夫子恶乎长②？"

（孟子）曰："我知言③，我善养吾浩然④之气。"

"敢问何谓浩然之气？"

曰："难言也。其为气也，至大至刚⑤，以直养而无害⑥，则塞于天地之间。其为气也，配义与道；无是，馁也⑦。是集义所生⑧者，非义袭而取之⑨也；行有不慊⑩于心，则馁矣。我故曰告子未尝知义，以其外之也⑪。必有事焉而勿正⑫，心勿忘，勿助长也⑬。无若宋人然⑭：宋人有闵其苗之不长而揠之⑮者，芒芒然⑯归，谓其人⑰曰：'今日病⑱矣！予助苗长矣！'其子趋而往视之，苗则槁⑲矣！天下之不助苗长者寡矣。以为无益而舍之者，不耘⑳苗者也。助之长者，揠苗者也；非徒无益，而又害之。"

"何谓知言？"

曰："诐辞，知其所蔽㉑；淫辞，知其所陷㉒；邪辞，知其所离㉓；遁辞，知其所穷㉔。生于其心，害于其政，发于其政，害于其事。圣人复起，必从吾言矣㉕。"

——《公孙丑上》

章旨

孟子答公孙丑之问，告以养气之道与知言之效。

注释

①**公孙丑**：孟子弟子。姓公孙，名丑，齐人。

②**恶乎长**：有何优点呢？恶，音wū，何。长，优点、长处。

中华文化基础教材（下）

③知言：指对于言论思想的是非、善恶、诚伪、得失，都能精察明辨。

④浩然：广大充塞的样子。

⑤至大至刚：极博大极刚强。至，最、极。

⑥以直养而无害：用道义来培养它，不用邪事干害它。直，指道义、正道。

⑦无是馁也：没有道义就会气馁心虚。是，指道义。馁，音něi，饥乏，引申有胆怯心虚之意。

⑧集义所生：指平日不断积聚内在的义而产生的。集，聚集。

⑨非义袭而取之：不是义从外部袭取我们的心而取得的。

⑩慊：音qiè，快、足。即所行合义，心安理得之意。

⑪以其外之也：因为他认为义是外在的。告子主张"仁内义外"之说，人为仁与义是两件事，仁的决定权操于能认识的主体，是内在的，但义的决定权操于所认识的客体，是外在的。孟子认为义是发自于内心的价值判断，事理之应当与否不在于外在的事物上，所以说告子"未尝知义"。

⑫必有事焉而勿正：一定要时时集义，但不要去预期它。事，指集义之事。正，预期。

⑬心勿忘勿助长也：心里存着这行善的念头，不要忘记它，但也不要勉强协助这种念头滋长。

⑭无若宋人然：不要像（那个）宋国人一样。无，通"毋"，不要。

⑮闵其苗之不长而揠之：担忧他的禾苗不长大而将它拔高。闵，通"悯"，忧心。揠，音yà，拔。成语"揠苗助长"典出于此。

⑯芒芒然：身心疲困，精神恍惚的样子。

⑰其人：指其家人。

⑱病：疲倦。

⑲槁：音gǎo，枯萎。

⑳耘：除草。

㉑诐辞知其所蔽：（听到他）偏执一端的言论，就知道他被遮蔽不明的所在。诐，音bì，偏颇不正。

㉒淫辞知其所陷：（听到他）放荡过分的言论，就知道他陷溺失足的所在。淫，放荡、过度。

㉓邪辞知其所离：（听到他）不合正道的言论，就知道他与正道分歧的所在。离，叛去。

㉔遁辞知其所穷：（听到他）逃避躲闪的言论，就知道他理屈的所在。遁，逃避。穷，困屈。

以上四句，诐、淫、邪、遁，是言之病；蔽、陷、离、穷是心之病。故知言即知心，知心即知人。

㉕圣人复起必从吾言矣：（如有）圣人再世，一定会认同我这番道理的。

🌸 解读

知言与养气章是孟子修养学说的重要部分，程子以为"扩前圣所未发，学者所宜潜心而玩索也"。从本章可以了解孟子身心修养的工夫，以及其知人论世的方法。

本章所选录之文字，自"敢问夫子恶乎长"至"非徒无益，而又害之"一段，主要是在讲"养气"，即养浩然之气。所谓浩然之气，是超越生理的血气，而为一种伟大人格在形体上的表现，发挥于外则"至大至刚"、"塞于天地之间"。其培养的方法，在积极方面，要"以直养"，要"配义与道"，要"集义所生"；消极方面，要"无害"，"非义袭而取之"，不能"行有不慊于心"。其中最重要的就是"道与义"，所以文天祥《正气歌》说："是气所磅礴，凛烈万古存。当其贯日月，生死安足论？地维赖以立，天柱赖以尊。三纲实系命，道义为之根。"但孟子还特别强调养气不可求速成，要"必有事焉而勿正，心勿忘，勿助长也"，千万不可"揠苗助长"，否则"非徒无益，而又害之"。

自"何谓知言"至"圣人复起，必从吾言矣"一段，主要是在讲"知言"及"知言"之效。所谓知言就是对于别人言辞之是非、善恶、诚伪、得失，都能精察明辨。从诐辞、淫辞、邪辞、遁辞而能知其所蔽、所陷、所离、所穷，这就是知言之效。古人有云："言为心声，文为心画。"言语文章是一个人观念和思想的表现，行为的征验。因此，透过知言可以知人之心，由知人之心可以知人。

能养浩然之气则心志刚正，于天下之事无所畏惧；能知言则能知心、知人，于天下之人无所疑惑，对处事、待人极有帮助，故孟子特别重视。

相关名言

◎将叛者其辞惭，中心疑者其辞枝，吉人之辞寡，躁人之辞多，诬善之人其辞游，失其守者其辞屈。

——《周易·系辞传》

◎养正邪自除。正气充实，则邪气无缝可入；正气衰弱，则邪气自来相攻。

——【清】李绿园《歧路灯》

此之谓大丈夫

景春①曰："公孙衍②、张仪③，岂不诚大丈夫④哉？一怒而诸侯惧⑤，安居而天下熄⑥。"

孟子曰："是⑦焉得为大丈夫乎？子未学礼乎？丈夫之冠⑧也，父命⑨之；女子之嫁也，母命之；往送之门，戒⑩之曰：'往之女家⑪，必敬必戒⑫，无违夫子⑬。'以顺为正⑭者，妾妇之道⑮也。居天下之广居⑯，立天下之正位⑰，行天下之大道⑱。得志，与民由之⑲；不得志，独行其道⑳。富贵不能淫㉑，贫贱不能移㉒，威武不能屈㉓。此之谓大丈夫！"

——《滕文公下》

章旨

　　孟子言能居仁、立礼、行义，有独立不挠之人格者，才能称得上是大丈夫；纵横家以阿顺诸侯取得权位，乃是妾妇之道而已。

　　上三章言修身的目标在于"使天下平"，其方法则在知言、养气，方能不为外在的形势所夺，以树立独立不挠的人格。

注释

①景春：人名，与孟子同时，为纵横家的人物。

②公孙衍：魏人，初在魏为官，后入秦为相，为战国时纵横家之代表人物。

③张仪：魏人，与苏秦俱师事鬼谷子，后入秦为惠王相，破苏秦合纵之约，使诸侯连横事秦。

④大丈夫：指有志气、有作为的人。

⑤一怒而诸侯惧：一旦发怒则诸侯都会惧怕。一，一旦。

⑥安居而天下熄：安居在家，未游说挑拨，则天下战火熄灭。

⑦是：此，指公孙衍、张仪这些人。

⑧冠：帽，此作动词，即加冠。古时男子二十岁，由父亲主持仪式，举行加冠礼，加冠之后始为成人。

⑨命：告诫。

⑩戒：命令、训示。

⑪女家：指夫家。女，通"汝"，音rǔ。

⑫必敬必戒：一定要恭敬，一定要谨慎。戒，谨慎。

⑬夫子：指丈夫。

⑭以顺为正：把顺从当作正道。

⑮妾妇之道：指公孙衍、张仪二人以阿谀奉承取得权势，乃妾妇顺从之道，不是丈夫之行事。

⑯居天下之广居：住的是天下最宽广的住宅。广居，指仁。

⑰立天下之正位：站的是天下最中正的位置。正位，指礼。

⑱行天下之大道：走的是天下最宽广的道路。大道，指义。

⑲得志与民由之：得志的时候，就和人民共同推行自己的政治理想，此有兼善天下之意。由，行。

⑳独行其道：独自坚持自己的原则，此有独善其身之意。道，指原则、理想。

㉑淫：荡乱心意。

㉒移：变易节操。

㉓屈：挫折志气。

解读

　　自从秦孝公变法图强以后，秦国的势力大加扩张，给予东方诸侯很大的威胁，而东方六国由于诸多的矛盾，不能团结一致，以合力对抗强秦，自此战国时代，就进入了东西方冲突对决之中，于是纵横学说乃应运而生。

　　除苏秦、张仪之外，为纵横游说的，还有陈轸、公孙衍、苏代。他们个人并没有什么政治理想，完全是利用国际之间的矛盾，翻云覆雨，全无信义可言，经常挑起国际间的冲突，以达到私人功利的目的，所谓"一怒而诸侯惧，安居而天下熄"，就是指此而言。景春眼看他们以一身而影响国际形势，大表佩服，以为这就是"大丈夫"了。

　　孟子以为按礼的规定，女子之于丈夫，是以顺为正的。而臣子之于国君，当匡之以义。公孙衍、张仪等纵横家之流，阿顺曲从，谋取权位，安享富贵，而不知以义事君，此乃妾妇之道，怎能称得上是大丈夫呢？真正的大丈夫，应该是一个能居仁、立礼、行义，在生活及行为上能坚持着仁、礼、义原则的人。得志之时，兼善天下；不得志时，独善其身。处于富贵之中，不能惑乱心志；居于穷困之域，不能改变节操；受到威吓暴力，不能因而屈服。这才是一个有志气、有作为的人。

　　"富贵不能淫，贫贱不能移，威武不能屈。此之谓大丈夫！"三个排比句，真是冠绝古今，使人有顶天立地、浩气磅礴之感。两千年来，无数的忠臣义士受到孟子大丈夫气概的感召，遂能秉其不淫、不移、不屈的人格尊严，于板荡之际，慷慨赴义，写下了可歌可泣的光辉史页。

相关名言

◎芝兰生于深林，不以无人而不芳；君子修道立德，不为穷困而败节。

——《孔子家语·在厄》

◎渴不饮盗泉水，热不息恶木阴。

——【西晋】陆机《猛虎行》

论涵养

（四）

人不可以无耻

孟子曰："人不可以无耻①，无耻之耻②，无耻矣③。"

——《尽心上》

章旨

孟子言能知耻乃可免于耻辱。

注释

①**无耻**：没有羞耻心。

②**无耻之耻**：即"耻无耻"，把没有羞耻心，视为可耻的事。第二个"耻"字，作动词用，作"以……为羞耻"解。之，语助词，表宾语提前。

③**无耻矣**：（就）不会做出羞耻的事情来了，亦即终身远离耻辱的意思。

解读

此章旨在说明知耻的重要。孟子认为能把没有羞耻心视为可耻，就不会做出羞耻的事情来，也就能远离耻辱了。

"耻"的意义是什么？《说文解字》上说："耻，辱也，从心耳声。"由此可知耻是个人对错误行为，发生一种脸红耳赤的情绪反应，也是一种自律的表现。

由于羞耻感对于个人的行为有强大的制裁力量，所以儒家非常强调耻的重要。从孔子的内省自讼，言行相符；过勿惮改，迁善齐贤；希望人民能耻于为不善，都有赖于羞耻心的发挥。至孟子的所谓"羞恶之心"、"是非之心"、"仰不愧于天"、"俯不怍于人"，与孔子一样对乡愿人格的鄙视等，凡此种种，其原动力皆来自于羞耻心。

相关名言

◎病莫大于不闻过，辱莫大于不知耻。

——【隋】王通《文中子》

◎对可耻的追悔是对生命的拯救。

——【古希腊】德谟克利特

◎耻辱地活着不如光荣地死去。

——【波斯】萨迪

（五）

耻之于人大矣

孟子曰："耻之于人大矣^①！为机变之巧者，无所用耻焉^②。不耻不若人，何若人有^③？" ——《尽心上》

章旨

孟子言耻对于人关系重大，戒人勿失去羞耻之心。

注释

①耻之于人大矣：羞耻心对人太重要了。之，语助词，无义。

②为机变之巧者，无所用耻焉：只会卖弄机心、变诈取巧的人，羞耻心对他是用不上的。机变，权谋变诈。巧，欺诈。

③不耻不若人，何若人有：不以修养不如人为可耻，还有什么事能够比得上人呢？不若人，指道德学问不如人。何若人有，即"何有若人"。何有，有什么。

解读

本章与"人不可以无耻"章一样，都是在强调耻的重要。不过，这里特别提出了两种人：一是只会卖弄机心、变诈取巧的人；一是不以道德学问不如人为可耻的人。对于前者加以谴责，对于后者加以激励。

耻就是羞耻之心，诚如上章所言，它是个人对错误行为，呈现一种脸红耳赤的情绪反应，同时它也是对外界不合礼义事物的厌恶与唾弃。这是人类基本的善心善性。只会卖弄机心、变诈取巧的人，其行为皆为人所耻，而彼尚以为奸计得逞，这种人已经丧失其本性，没有耻的道德感，所以孟子斥责这种人"无所用耻焉"。

耻也是激励人行为的一种心理状态，可以使人好善去恶，明辨是非，杀身成仁，舍生取义。但耻感是必须当下觉悟，实践力行的，所以孔子有"知耻近乎勇"、"行己有耻"之说。在此孟子也以在道德学问不若人为可耻的事，来勉人上进，否则在社会上又怎能跟人家相比呢？

相关名言

◎人之不廉而至于悖礼犯义，其原皆生于无耻也。

——【清】顾炎武《日知录》

◎害怕耻辱的情绪，可以阻止人不去犯某些卑鄙的行为。

——【荷兰】斯宾诺莎

◎野兽并不知羞耻，只是到了人类阶段，大自然中才出现了羞耻。

——【苏联】留里科夫

（六）

骄其妻妾

齐人有一妻一妾而处室①者，其良人②出，则必餍③酒肉而后反④。其妻问所与饮食者，则尽富贵⑤也。其妻告其妾曰："良人出，则必餍酒肉而后反。问其与饮食者，尽富贵也，而未尝有显者⑥来。吾将瞷⑦良人之所之⑧也。"

蚤⑨起，施⑩从良人之所之。遍国中⑪，无与立谈者。卒⑫之东郭墦间⑬，之祭者乞其余⑭；不足，又顾⑮而之他。此其为餍足之道⑯也。

其妻归，告其妾曰："良人者，所仰望⑰而终身也。今若此！"与其妾讪⑱其良人而相泣于中庭⑲。而良人未之知也，施施⑳从外来，骄其妻妾。

由君子观之，则人之所以求富贵利达者，其妻妾不羞也，而不相泣者，几希矣㉑！　　　——《离娄下》

章旨

孟子借齐人乞食墦间为喻，说明以枉曲之道，营求富贵利达之可耻。

上三章言人当有羞耻之心。

注释

①处室：同居于一室之中。

②良人：古代妻称夫为良人。

③餍：音yàn，饱、吃饱。

④反：通"返"，回来。

⑤尽富贵：都是富贵的人。尽，皆、都。

⑥显者：指富贵、显达的人。

⑦瞷：音jiàn，偷看。

⑧**所之**：到的地方。之，往。

⑨**蚤**：通"早"。

⑩**施**：通"迤"，音yì，斜行，躲躲藏藏地走。

⑪**遍国中**：整个都城内。遍，全。国，都城，指齐国都城临淄（今山东省淄博市）。

⑫**卒**：终。

⑬**东郭墦间**：指都城外头东郊的坟场。郭，外城。墦，音fán，坟墓。

⑭**之祭者乞其余**：走向在墓地祭祀的人家那儿，乞讨他们祭拜后剩下的祭品。之，往、走向。

⑮**顾**：左视右盼。

⑯**道**：方法。

⑰**仰望**：仰赖寄望。

⑱**讪**：音shàn，责骂、讥骂。

⑲**中庭**：即庭中。

⑳**施施**：喜悦自得的样子。施，音shī。

㉑**"由君子观之"五句**：用君子的角度来看这件事，那么一般人用来乞求升官发财的丑态，他们的妻妾看见不觉得羞耻，而且不相对哭泣的，实在太少了。由，用、从。几希，很少。几，音jī，细微、不多。希，通"稀"。

解读

这是一篇采用先叙后论,属于寓言体的哲理散文。

首段写齐人自言外出必与富贵者吃饱酒肉,但由于未尝有显者来,引发妻子的怀疑。

二段写其妻之跟踪,发现丈夫原来是到坟场向人乞食的秘密。

三段写妻妾得知真相后,讪其良人,继而失望哭泣。而齐人竟然不知西洋镜被拆穿,犹照常骄其妻妾。

末段结论齐人故事,讽谕世之追求富贵利达者。

故事简单,用字很少。短短202字(不包括后段的议论,只有172字),却完整生动,曲折有致,叙述一个齐国男子乞讨残食又蒙骗妻妾的故事,尖锐地讽刺当时追求富贵利达者的卑鄙无耻行径,涵义深刻,耐人寻味。

由于这个寓言里:有齐人、齐人的妻妾、东郭外坟墓间祭扫坟墓的祭者等人物;有齐人虚伪、虚荣、卑鄙的情节,作为事件的中心;且结构完整而富有变化。可谓具备了近代小说的三个重要条件:人物、事件、结构,因此有人称它为"中国最早的短篇小说"。至于后世称娶两个老婆的人为享有"齐人之福",则非孟子的原意。试问:像这样的男人幸福吗?嫁给这样的人美满吗?

相关名言

◎靠可耻的职业获得的财富,显然带着不名誉的烙印。

——【古希腊】德谟克利特

辞受之道

陈臻①问曰："前日于齐，王馈②兼金③一百④而不受。于宋⑤，馈七十镒而受。于薛⑥，馈五十镒而受。前日之不受是，则今日之受非也；今日之受是，则前日之不受非也。夫子必居一于此矣。"

孟子曰："皆是也。当在宋也，予将有远行⑦。行者必以赆⑧，辞⑨曰：'馈赆。'予何为不受？当在薛也，予有戒心⑩；辞曰：'闻戒，故为兵馈之⑪。'予何为不受？若于齐⑫，则未有处⑬也。无处而馈之，是货⑭之也。焉有君子而可以货取⑮乎？" ——《公孙丑下》

章旨

孟子答陈臻之问，言君子辞受取与，都应该以义为依归。

注释

①陈臻：孟子弟子。

②馈：音kuì，赠送。

③兼金：成色好的金子，其价值兼倍于一般的金子。兼，加倍。按：古时所谓的"金"不是今日的"黄金"，一般实际上是铜。

④一百：指一百镒，即二千两。镒，音yì，二十两。

⑤宋：国名，武王灭商，封纣子武庚于宋。成王时，武庚与管叔、蔡叔谋叛，被诛。乃改封微子启为宋公。故城在今河南省商丘市。

⑥薛：国名，周时封黄帝之后奚仲于此。战国时，为齐田婴的封邑。故城在今山东省滕州市。

⑦将有远行：指当时将离开宋国而往魏国。

⑧赆：音jìn，赠送远行者的礼金，又称"程仪"。

⑨辞：告、告诉。

⑩戒心：戒备意外之心。当时有人欲加害孟子，孟子设兵以为戒备。

⑪为兵馈之：为了兵备才以金赠送之。

⑫若于齐：至于在齐国。若，至于。于，在。

⑬**未有处**：无任何名义。处，本意为所居之地，在此指名义。

⑭**货**：作动词用，以金钱收买。

⑮**取**：罗致、收买。

解读

孟子对于出处去就，辞受取与的分际，拿捏得很严，完全以义为准则。本章乃因弟子陈臻之问，而谈论辞受的道理。

陈臻以逻辑学上的"两难推论法"质询孟子，认为同样地接受馈赠，却有辞有受，其中一定犯了一项错误。孟子则以为当时的情况不同，前日的拒绝与今日的接受都是对的，接受要根据礼义，要有正当的名义。其合于义，虽少不辞；不合于义，兼金不顾。并提出对知识分子极具尊严的一句话："焉有君子可以货取乎？"暮鼓晨钟，令人警醒！

试想：一个人如果能够像货物般的被收买，那遇有更高的价钱，必然也可以再卖出去。如此作践自己，又怎能赢得别人的尊重，又有什么人格可言？

战国时，田稷相齐宣王，受下吏货金百镒，献给母亲。母亲问他："子为相三年，禄未尝多若此也，安所得此？"他只好承认是得于属下。母亲告诫他说："士修身洁行，不为苟得。非义之事，不计于心；非理之利，不入于家。不义之财，非吾有也；不孝之子，非吾子也。"义正辞严，把田稷说得惭愧不已，急忙把金子送还原主。田母真是识达大义，足以风世。

相关名言

◎富与贵，是人之所欲也，不以其道得之，不处也。

——《论语·里仁》

◎君子爱财，取之以道；贞妇爱色，纳之以礼。

——《增广贤文》

◎虽然权势是一头固执的熊，但金子可以拉着它的鼻子走。

——【英国】莎士比亚

（八）

过犹不及

孟子曰：“可以取，可以无取①；取，伤廉②。可以与，可以无与③；与，伤惠④。可以死，可以无死；死，伤勇。”

——《离娄下》

章旨

孟子教人要审辨取、与、死之义理，不可因而伤及廉、惠、勇的美德。君子固守中道，过与不及，皆不足取。

上二章言辞受取与以及生死之际，皆当以义为依归。

注释

①可以取，可以无取：乍看起来，像是可以取的利益，仔细一想，又觉得不可以取。取，收受。

②伤廉：伤害到廉洁的美德。廉，有分辨而不苟取。

③可以与，可以无与：乍看起来，像是可以把这种利益给人，仔细一想，又觉得不可以给。与，给予。

④伤惠：伤害到仁恩的美德。惠，仁恩。

解读

本章所揭示的重点有三：不可因“取”而伤“廉”德；不可因“与”而伤“惠”德；不可因“死”而伤“勇”德。

东汉时杨震调任东莱（今山东省烟台市、威海市一带）太守，路宿昌邑县（今山东省昌邑市），以前他曾提拔过的门生王密恰好在此担任县长，夜晚带着黄金十斤来馈送他。并说："暮夜无人知晓。"震以"天知、地知、我知、你知，怎说无人知道呢？"拒受私赠，这就是廉洁。又晋代陶侃年轻的时候在寻阳县（隋改为浔阳县，今江西省九江市）府里当个小吏，负责监管那个地方的水产事业。有次派人把当地的水产干渍食物送给母亲，他的母亲湛氏立即把那些干渍食物封好退回去，并写了一封信责备陶侃说："你做官，拿公家的东西给我，不但对我没有好处，反而增加我对你的忧心。"这也是廉的榜样。

所谓不可因“与”而伤惠，就是说施与时，要能把握对方最适当的需要，不可过分。例如：公西华（赤）使齐时，冉有为其母请粟，一下子就给了八十斛。孔子批评说："赤之适齐

也，乘肥马，衣轻裘。吾闻君子周急不继富。"公西华乘肥马，衣轻裘，表示其家境富有，所以冉有丰厚的"与"，并不恰当，也可以说是有伤"惠"的美德。

相关名言

◎同情会减弱被同情者的力量，束缚他的头脑和有力的臂膀。

——【德国】尼采

生于忧患，死于安乐

孟子曰："舜发于畎亩之中[1]，傅说举于版筑之间[2]，胶鬲举于鱼盐之中[3]，管夷吾举于士[4]，孙叔敖举于海[5]，百里奚举于市[6]。故天将降大任[7]于是人也，必先苦其心志，劳其筋骨，饿其体肤，空乏[8]其身行，拂乱[9]其所为；所以动心忍性[10]，曾[11]益其所不能。人恒过，然后能改；困于心[12]，衡于虑[13]，而后作[14]；征于色[15]，发于声[16]，而后喻[17]。入[18]则无法家拂士[19]，出[20]则无敌国外患者，国恒亡。然后知生于忧患，而死于安乐[21]也。"

——《告子下》

章旨

孟子就圣贤之兴起，引申以论定生存每出于忧患，而死亡多由于安乐。

注释

①**舜发于畎亩之中**：虞舜是由田野中被起用成为天子的。发，起。舜初耕于历山，后尧举用之，并禅让帝位。畎亩之中，犹言田野之间。畎，音quǎn，田沟。亩，田垄。

②**傅说举于版筑之间**：傅说是在筑墙的工人中被举用为相的。傅说筑于傅岩，殷高宗举以为相。说，音yuè。版筑，将泥土置于夹版中，用杵舂实以筑墙。

③**胶鬲举于鱼盐之中**：胶鬲是从贩卖鱼盐的商贩里被举用的。胶鬲，殷贤人，初隐为商，周文王于鬻贩鱼盐之人中得其人，举而进之于纣。

④**管夷吾举于士**：管夷吾是从监狱里被举用为相的。管仲辅公子纠失败，被囚，其友鲍叔牙荐之于桓公，任以为相。士，士官，古代监狱的名称。

⑤**孙叔敖举于海**：孙叔敖是在海边被举用为相的。孙叔敖，姓蒍，名敖，字孙叔，楚人。因其父蒍贾被杀，乃窜处淮海之滨，楚庄王举用为相。

⑥**百里奚举于市**：百里奚是在街市中做买卖被举用为相的。百里奚，春秋虞人，事虞公为大夫。虞亡适秦，以五张黑羊皮的价格，自贩为奴，后秦穆公举之于市，任以为相，号称"五羖大夫"。

⑦**降大任**：降下重大的任务使其承担。古人以为重大的职位由天所授，非人力所能为，故曰天降。

⑧**空乏**：穷困匮乏。

⑨**拂乱**：扰乱而使之不顺遂。拂，音fú，违逆。

⑩**动心忍性**：激励其心志，坚忍其性情。

⑪**曾**：通"增"。

⑫**困于心**：心志困顿不通。困，劳瘁、疲倦。

⑬**衡于虑**：思虑梗塞不顺。衡，通"横"，不顺。

⑭**作**：奋发振作。

⑮**征于色**：他人的不满表现在脸色上。征，征验。

⑯**发于声**：他人的讥责发出在言语上。发，指发出声音。

⑰**喻**：了解、觉悟。

⑱**入**：指在国内。

⑲**法家拂士**：守法度的世臣和辅政的贤士。家，指大夫。拂，通"弼"，音bì，辅佐。

⑳**出**：指在国外。

㉑**生于忧患，而死于安乐**：生存是由忧患中奋斗得来，而死亡则由于在安乐中息荒而招致。

解读

　　二十世纪的英国心理学家詹姆士，研究人类生命的内蕴，发觉人类的能力，常常潜伏在最深处，必须受到非常的兴奋与激励，然后发挥出来。其实，早在公元前四世纪的时候，孟子即已指出：人要有苦难磨炼才有出息，国也要有外患的刺激才不会灭亡。

　　首先，孟子运用逻辑上的归纳法，修辞上的排比法，列举虞舜、傅说、胶鬲、管仲、孙叔敖、百里奚六人为例。他们在未登上历史舞台承担大任之前，或为农夫，或为版筑工人，或为鱼盐商贩，或为囚犯，或逃居海隅，或为奴隶，可谓饱经忧患，吃尽苦头。终能脱颖而出，有所作为。

　　接着孟子在事例的基础上展开议论，加以推理。说明上天要降大任给某人时，一定要使其心志、筋骨、体肤、身躯、作为，有所磨炼，如此才能动心，坚忍其性，增长智慧，以创造承担大任的条件。

　　再来孟子进一步指出：人必犯错才会接受教训，加以改正；身处逆境，困心横虑，才能奋发振作；被人讽刺责骂，才能明理悟道。个人如此，国家亦然，内当有忠直之臣的直谏，外当有敌国外患的抗衡。

　　最后孟子归结出一正一反，互相映衬的至理名言——生于忧患，死于安乐。

　　全文言简意赅，说理透辟，见解深刻。可以把它当作一篇归纳型议论文的典范。

相关名言

◎欲做精金美玉的人品，定从烈火中锻来；思立掀天揭地的事功，须向薄冰上履过。

——【明】洪应明《菜根谭》

◎痛苦是人类伟大的教师，灵魂在痛苦的气息下日益茁壮。

——【澳大利亚】叶欣巴哈

（十）

操危虑深

孟子曰：“人之有德、慧、术、知①者，恒存乎疢疾②。独③孤臣孽子④，其操心也危⑤，其虑患也深⑥，故达⑦。”

——《尽心上》

章旨

孟子言人遭遇忧患困境，恒能增益其所不能。

上二章言困顿之环境可以激发人的潜能，成就人的德、慧、术、智。

注释

①**德、慧、术、知**：道德、智慧、学术、才智。知，通“智”。

②**疢疾**：指灾患。疢，音chèn，热病。

③**独**：唯、只。

④**孤臣孽子**：不被宠幸的臣子，不得于亲的庶子。孽子，庶子。

⑤**操心也危**：操持心志，时存危惧谨慎。也，句中停顿的语助词。

⑥**虑患也深**：忧虑祸患，至为深远。

⑦**达**：通达事理，即具有德、慧、术、知。

解读

本章与“生于忧患，死于安乐”章之旨意相同，说明人之德、慧、术、知常从忧患灾难中磨炼出来。上半段是总论，后半段是举例说明。“疢疾”指忧患、灾难。孤臣孽子皆不得于君亲者，操危虑深，苦头吃得多，所以比较通达事理。

珍珠是从蚌类动物体内所产生，但在正常情况下，它们是不会生珠的。那是由于砂粒或杂物进入了它们的外套膜组织内而无法排除时，受到了刺激，分泌出含碳酸盐的珍珠质，将异物一层一层地包起来所形成的。孵豆芽的人都发现，愈是被压在下面的豆子，温度较高，长出的芽愈长。由此可知苦难与压力，能造就出不平凡的成果。

人生的挫折或失败，虽然令人难堪，却能激发其内在的潜能，产生源源不绝的力量，使之超越原来的自己，走向成功的大道。因之，恶劣的环境有时反而是促使人成长的因素。

相关名言

◎人们从痛苦与折磨中换得智慧，因祸得福。

——【英国】莱斯特兰奇

论涵养

西子蒙不洁

孟子曰："西子①蒙不洁②，则人皆掩鼻而过之；虽有恶人③，斋戒④沐浴，则可以祀上帝⑤。"

——《离娄下》

章旨

孟子设喻以戒人洁身自爱，并勉人洗心为善，重新做人。

注释

①**西子**：即世所称春秋时越国美女西施。

②**蒙不洁**：沾染污秽之物。蒙，受、承接。

③**恶人**：丑恶的人。恶，丑。

④**斋戒**：古人在祭祀之前沐浴更衣，整洁心身，以表示虔敬。

⑤**则可以祀上帝**：就可以祭祀天神。上帝，天帝、天神。比喻行恶之人，苟能诚心改过自新，则亦可以为善。

解读

从字面来看，是讲西施虽是绝色美女，但如果沾染了污秽，人们都会捂着鼻子避开她；丑人虽然长得难看，但如果自治洁净，一样可以祭祀上帝。事实上，孟子是在比喻即使原有良好的品德，一旦行为有了污点，也会受到大家的嫌恶；品德不良的人，只要能改过自新，一样可得天神的接纳。上半段在警惕人要保持原有的善，后半段在鼓励人要改过迁善。

明末万历进士，蓟辽总督洪承畴，学问渊博，颇为崇祯皇帝所器重，然与清兵松山一役，兵败被擒后，变节投降，还引导满清入关。虽然清初开国典章制度多为其所拟，但依然被人唾弃。

晋朝的周处，曾是个流氓，在乡里横行霸道，后来由于自我的省悟，以及陆云的勉励"只怕志向不立，毋忧令名不彰"，最后痛改前非，做到了平西将军。

由以上二例可知：善不能存，则前功尽弃；过而能改，仍大有可为。

荀子《劝学》有云："兰槐之根是为芷，其渐之滫（渐，浸泡。滫，音xiǔ，臭水），君子不近，庶人不服。"佛云："放下屠刀，立地成佛。"前者告诉我们应该保持原有的美

好，不要受污染；后者勉励我们马上改过，即可达到至善。这两句话合并起来，可与孟子之言相参。

相关名言

◎夫过者自大贤所不免，然不害其卒为大贤者，为其能改也。故不贵于无过，而贵于能改过。

——【明】王守仁《教条示龙场诸生》

◎能够忏悔的人，无论天上人间都可以不咎既往。

——【英国】莎士比亚

（十二）

反求诸己

孟子曰："爱人不亲，反其仁[①]；治人不治，反其智；礼人不答，反其敬。行有不得[②]者，皆反求诸己；其身正，而天下归[③]之。《诗》云：'永言配命，自求多福。'[④]"

——《离娄上》

章旨

孟子言行有不得，不可责望于人，当反己以正身，尽其在我。

注释

①**反其仁**：反省自己的仁德有没有缺陷。反，反省。其，指称词，指"自己"。

②**行有不得**：行事不能如愿，不能达到目的。

③**归**：依附。

④**《诗》云："永言配命，自求多福"**：《诗经》上说："永远配合天命而行，多福当由自己去求。"《诗经·大雅·文王》之句。永，长久。言，助词。配，合。命，天命。

解读

"反求诸己"是儒家道德实践的基本工夫，这种工夫是由感性的经验，向内向上反转于理性的超越而来。

本章孟子要我们遇到挫折或行事不顺时，能反求诸己。例如：关爱他人，他人却不领情；治理人民，人民依然不上轨道；礼敬他人，他人不以礼回报。这时候就要反省自己的仁爱之心、智慧能力、礼敬的诚意是否足够。一个领导者只要持身端正，天下之人都会乐意接纳的。最后孟子引用《诗经·大雅·文王》的句子，勉励我们：要遵从天理，主动创造美好的人生。

《吕氏春秋·先己》篇记载：夏禹的儿子启，与诸侯有扈氏大战于甘泽，没有获胜，众卿百官们请求再战。启却说："不必再战了，我的领土不比他小，我的军队和人民也不比他少，却无法战胜他。检讨起来，是我的德行浅薄和教育部属的方法不良所致。"于是他锐意改革、自律。首先从自己的生活要求做起，饮食简单，停止一切娱乐活动，子女穿着朴素，不许添加装饰，亲近族人，礼敬长上。尊重有道德的人，任用有才能的人。一年之后，有扈氏便不战而归服了。这个故事告诉我们要战胜别人，先得克服自己。也印证了"其身正，而天下归之"的道理。

相关名言

◎君子以其身之正，知人之不正；以人之不正，知其身之有所未正也。

——【北宋】苏轼《私试策问》

◎治人者必先自治，责人者必先自责，成人者必先自成。

——【明】钱琦《钱公良测语》

（十三）

爱人者，人恒爱之；敬人者，人恒敬之

孟子曰："君子所以异于人者，以其存心①也。君子以仁存心，以礼存心。仁者爱人，有礼者敬人。爱人者，人恒②爱之；敬人者，人恒敬之。

"有人于此，其待我以横逆③，则君子必自反④也：'我必不仁也，必无礼也，此物奚宜至哉⑤？'其自反而仁矣，自反而有礼矣；其横逆由是⑥也，君子必自反也：'我必不忠。'自反而忠矣；其横逆由是也，君子曰：'此亦妄人⑦也已矣。如此则与禽兽奚择⑧哉？于禽兽又何难⑨焉？'

"是故君子有终身之忧⑩，无一朝之患⑪也。乃若所忧则有之：舜，人也；我亦人也；舜为法于天下，可传于后世，我由未免为乡人⑫也，是则可忧也。忧之如何？如舜而已矣。

"若夫君子所患则亡⑬矣。非仁无为也⑭，非礼无行也⑮。如有一朝之患，则君子不患⑯矣。"

——《离娄下》

章旨

　　孟子说君子以仁礼存心，时常自我反省，不担心突来的横逆，只忧虑自己的德行不能像圣人一样。

　　上三章言人当存其善而改其过，时时反求诸己。

注释

①**存心**：指居心。

②**恒**：常。

③**横逆**：强暴不顺理的态度。横，音hèng。

④**自反**：自我反省。

⑤**此物奚宜至哉**：这样的事为什么会到来呢？物，事。奚宜，为什么会。

⑥**由是**：还是如此。由，通"犹"。

⑦**妄人**：狂妄无知的人。

⑧**奚择**：有何分别？奚，何、什么。择，别。

⑨**何难**：何足与之计较。难，音nàn，责难、计较。

⑩**终身之忧**：终身的忧患。指忧不如舜，因稍一懈惰，就不能企及圣贤，所以无时不以为忧。

⑪**一朝之患**：指突来的横逆。

⑫**乡人**：乡里的常人，即平凡无所建树的人。

⑬**亡**：通"无"，音wú。

⑭**非仁无为也**：不合仁的事，不要去做。

⑮**非礼无行也**：不合礼的事，不要去行。

⑯**君子不患**：指一时突来的横逆，不是自己的过失所招致，所以君子不以为是祸患。

解读

本章所谈依然是"反求诸己"的反省哲学。

首先孟子肯定了君子与常人的不同，其关键在于其以仁、礼存心。心存仁礼，则爱人敬人。而此一自然心性的流露，也同样会引发别人爱敬心怀的响应，所以说："爱人者，人恒爱之；敬人者，人恒敬之。"这是人性交感和谐的一面。

按照人性的常态，一个人若不自弃其仁、义、礼、智之性，则我爱人，人爱我，我敬人，人敬我，这是必然的回应。但事实却未必然，往往我待人以仁、以礼、以忠，而人却"待我以横逆"。如此则必自反，逐一检讨，合乎仁吗？合乎礼吗？真诚忠心吗？有则改之，尚若问题在对方，则应宽容他。因为其人与禽兽一样没有自觉心，不能跟他一般见识。唐朝有两位高僧寒山、拾得，寒山问："世人轻我、骗我、谤我、欺我、笑我、嫉我、辱我、害我，我将奈何？"拾得答："惟有重他、敬他、容他、让他、耐他、随他、避他、不理他，再过些时，看他如何？"其态度与儒者之反省虽有不同，但颇有值得参考之处。

由于人生的横逆，总是无可避免，因此孟子认为日常生活突发的状况，或不如意的遭遇，是不值得担心，也没有什么好忧患的；真正应该忧患的是不能像舜那样在道德修养上有所成就。可见良好的道德，完美的人格，才是我们所衷心期许的。

相关名言

◎君子求诸己，小人求诸人。

——《论语·卫灵公》

◎反己者，触事皆成药石；尤人者，动念即是戈矛。

——【明】洪应明《菜根谭》

（十四）

自暴自弃

孟子曰："自暴①者，不可与有言②也；自弃③者，不可与有为④也。言非⑤礼义，谓之自暴也；吾身不能居仁由义⑥，谓之自弃也。仁，人之安宅⑦也；义，人之正路⑧也。旷⑨安宅而弗居，舍正路而不由，哀哉！"

——《离娄上》

章旨

孟子哀痛人之自暴自弃，不知仁义之美。

注释

①自暴：自己贼害自己。自以为是，不知其非，因以自害，是为自暴。

②不可与有言：不能和他谈论什么道理。因为他不知礼义之美，即使跟他谈论，他也不信。

③自弃：自己舍弃自己。自谓不能，怠而不为，不自振作，是为自弃。

④不可与有为：不能和他有什么作为。因为他不知仁义之美，即使跟他共事，他也不会努力。

⑤非：诋毁。

⑥由义：行义。由，从、行。

⑦安宅：可安居的住宅，此用以喻指仁。

⑧正路：正大的道路，此用以喻指义。

⑨旷：空着，指闲置不用。

解读

成语"自暴自弃"，意谓自甘堕落，不求上进。典故即出自本章。

首先，孟子提出：自暴的人，无法跟他谈论道理；自弃的人，不能与他共事而有所作为。然后再解说其原因：自暴的人诋毁礼义，不信礼义；自弃的人自认不能居仁由义，弃绝仁义。然而此与自甘堕落，不求上进又有什么关系呢？因为孟子认为仁、义、礼、智是我心所固有，而今竟然诋毁它、弃绝它，可见其人已失去了本心本性。失去本心本性，自然是个自甘堕落、不求上进的人。

接着，孟子阐明："仁"是我们精神生命最安固的住宅，为我们所宜居住；义是人生的正路，为我们所宜遵行。偏偏有人空着偌大的房子不住，舍弃如此正大的道路不走，真是最大的悲哀啊！

人总是要怀着理想与信念的，希腊神话中的英雄阿基里斯诞生时，天上掉下一颗金苹果，苹果上刻着"永远出类拔萃"，李白说"天生我材必有用"，我们又岂能自甘堕落呢？禀赋不足，努力可以弥补；气质不良，修养可以变化。唯有自暴自弃的人，任谁对他也无可奈何！

相关名言

◎对自己都不信任，还会信什么真理。

——【英国】莎士比亚

◎再没有比自认为是有用之材更有利的肯定。

——【美国】卡耐基

（十五）

与人为善

孟子曰："子路，人告之以有过则喜；禹闻善言①则拜②。大舜有大焉③：善与人同④，舍己从人⑤，乐取于人以为善。自耕稼陶渔⑥，以至为帝，无非取于人者⑦。取诸人以为善，是与人为善⑧者也。故君子莫大乎与人为善。"

——《公孙丑上》

章旨

孟子举子路、禹、舜三圣贤乐善之诚，以勉与人为善。

注释

①**善言**：美言、直言，即对进德修业有益的话。

②**拜**：行礼答谢。

③**有大焉**：又更伟大了。有，通"又"，音yòu。

④**善与人同**：即"与人同善"，谓视他人之善犹如自己之善，和他人一起为善。

⑤**舍己从人**：舍己之过，从人之善，即子路之改过、禹之拜善言。

⑥**耕稼陶渔**：耕种、烧窑、捕鱼。舜尝耕于历山，陶于河滨，渔于雷泽。

⑦**无非取于人者**：没有不是取他人的善而自己照着去做的。无非，无不是。

⑧**是与人为善**：这就是帮助别人行善。是，此。与，许、助，含有称赞鼓舞之意。

解读

本章记载着三位历史人物对于善的态度。子路只要有人指出他有过失，就十分高兴；夏禹一听闻好的道理，就敬谨拜受；虞舜则与人同善，己有不善则舍己从人，人有善则取人之善以补己之不足。三者都是很好的榜样，但孟子认为舜更高一层，因为取人之善而躬自践行，不但能使我之善日益增多，而他人之善亦因受到激励，而更乐于为善，于己于人都有好处，可助长社会行善的风气。

从这三个榜样来看，子路表现的是知过必改的精神，夏禹表现的是服膺真理的精神，虞舜表现的是大德大量的精神，都值得我们学习。

只要我们有了善念，并经由善念而导出善言善行，由个人而全体，蔚为善良的风气，这个世界必然更为美好、祥和。

相关名言

◎强者帮助弱者，他们才能共存。

——【古希腊】伊索

◎有一种称赞是助人成善的，这就是"鼓励性的称赞"。

——【英国】培根

（十六）

君子有三乐

孟子曰："君子有三乐，而王天下不与存①焉。父母俱存，兄弟无故②，一乐也；仰不愧于天，俯不怍③于人，二乐也；得天下英才④而教育之，三乐也。君子有三乐，而王天下不与存焉。"

——《尽心上》

章旨

孟子论君子有三乐，天伦之乐、心安理得之乐、教育英才之乐，其乐过于王天下。上二章言人不可自暴自弃，当与人为善；并阐明君子之所乐者。

注释

①**王天下不与存**：称王天下不包括在内。王，音wàng，称王。不与存，不包括在内。与，音yù，参与。

②**无故**：没有变故。故，事故、变故；如灾患、丧病、不睦等。

③**怍**：音zuò，惭愧。

④**英才**：才能过人的人。

解读

快乐是什么？古希腊哲学家伊壁鸠鲁认为快乐就是善，快乐是幸福生活的开始与目标。如此说来，快乐就是我们人生追求的目的。

追求快乐其实很简单，它就在心里，不假外求。只要你觉得快乐，就是快乐，只是个人的满足点不一样。孟子所说的三乐：一是家庭美满，尊敬父母，友爱兄弟，身为人子的天伦之乐；二是乐善行仁，俯仰无愧，心安理得，顶天立地，当一个有尊严之人的快乐；三是培养英才，传道解惑，泽被后世的为人师者之乐。他还特别强调这与权势名位的"王天下"无关。由此可知孟子的身心修养是安放在哪里了。

美国哥伦比亚大学心理学教授弗里曼，调查了十万个各年龄阶段的男女，发现下列五点是获得快乐的基础：爱人与被爱、跟朋友共享满意的社交生活、有一个有意义的工作、有一种受人赞许的感觉、感觉自己一直在进步成长。相信只要我们能从这五个基础上去发掘，一定可以找到快乐的泉源，享受美好幸福的生活。

相关名言

◎真正的快乐，是对生活乐观、对工作愉快、对事业有成就感。

——【美国】爱因斯坦

◎快乐的基础是一个人的观点，不是外在的条件。

——【美国】柯因尼格

问题与讨论

一、孟子所养的是什么气？他是如何培养的？

二、常听人说“男子汉”、“大丈夫”，请问你心目中的定义是什么。

三、中国人很爱面子，因此有人将“羞耻感”与“面子”划上等号，果真如此吗？或者“羞耻感”当有更深的内涵？

四、从陈臻所问孟子有关馈赆的问题，你会联想到哪些？请提出并加以评论。

五、何谓忧患意识？对个人与国家有何重要性？

六、请阅读下列一首叫《快乐颂》的流行歌的歌词，然后分析作者之思想，并提出来与同学共同讨论。

你快乐吗/我很快乐/第一步就是向后退一步/你快乐吗/我很快乐/只要大家和我们一起唱/快乐其实也没有什么道理/告诉你/快乐就是这么容易的东西/don't worry be happy

你快乐吗/我很快乐/年轻的心能重复用到老/你快乐吗/我很快乐/一群人和我有同样的调调/你快乐吗/我很快乐/常常觉得我自己很重要/你快乐吗/我很快乐/爱一个人让全世界都知道/快乐其实也没有什么道理/告诉你/快乐就是这么容易的东西/don't worry be happy

你快乐吗/我想一下/快乐它到底是个什么东西/你快乐吗/我要你管/那就让你自己去想办法/快乐其实也没有什么道理/告诉你/快乐就是这么容易的东西/don't worry be happy/快乐其实也没有什么道理/告诉你/你到底在那里/快乐就是这么容易的东西/don't worry be happy

人生快乐的真谛

—— 史怀哲

《孟子·尽心上》中提到：超越称王天下的快乐有三者，即天伦之乐、心安理得之乐、得育英才之乐。这三种胜过君主的快乐引发我们反思，人生快乐真正的意义是什么？快乐又该怎么寻求呢？

美国的林肯总统曾说："服务是一件乐事，也是人生最高贵的品格。"可见快乐存在于奉献自己、照亮别人的服务上。艾伯特·史怀哲（Albert Schweitzer, 1875—1965），德国人，拥有神学、哲学、医学三个博士学位，集宗教家、音乐家、哲学家与医师的身份及涵养于一身，也是西方自托尔斯泰以来"人道关怀"的施行者，我们应当学习他如何安顿自己、完成自己，然后才有能力帮助别人。

史怀哲出生于法国东北部的西泽斯堡小镇，父亲是一位牧师。史怀哲从小就常向父亲提出对圣经故事的疑问，可以看出他对于追求事情真相决不马虎的态度。他五岁开始跟着父亲学习钢琴，开启了对乐器的兴趣，十八岁与魏多老师学习，并为老师说明圣歌里古老德文的意涵，后来史怀哲写巴赫使他名闻全欧，成为著名的管风琴音乐家，以及巴赫研究专家。史怀哲在斯特拉斯堡大学求学时，主修神学、哲学，同时也继续学习音乐，在二十四岁时成为哲学博士，二十六岁时成为神学博士，其后获聘为斯特拉斯堡大学教授，并在二十八岁时当上了圣托马斯神学院史上最年轻的院长。

二十一岁时，史怀哲就下定决心："三十岁以前要把生命献给传教、教书与音乐，要是真的能达到研究学问和艺术的愿望，那么三十岁以后就可以直接进入一个立即服务的方向，把个人奉献给全人类。"但多年后，他仍然不知道能为贫苦无靠的人做些什么？直到有一天他看到报纸上报导非洲有无数的病人，缺乏医护人员，于是想到自己可以去学医，并前往非洲行医济世。为了这个目标，他以三十岁的年纪到斯特拉斯堡大学医学院登记入学，在求学的同时，他还担任传教工作及在大学兼课并举办演奏会赚取生活费，终于在三十七岁时他通过医学院毕业考试，拿到医学博士，三十八岁时开始了他前往非洲的旅程，计划到加蓬共和国兰巴伦行医。从三十八岁起到1965年九十岁辞世，史怀哲总共去了兰巴伦十九次，在非洲丛林里生活前后共计五十三年。他在欧洲通过演奏管风琴、写书和演讲为医院筹款，而在1953年，荣膺诺贝尔和平奖。他亲自前往挪威奥斯陆领奖，并用这笔奖金在兰巴伦建造了一所麻风病院。他锲而不舍地在非洲丛林牺牲奉献，以"敬畏生命"为宗旨，终生不渝。

史怀哲曾说："人生对我这种人来说，和只为自身而活的人相比，实在是自讨苦吃。然而，这种人生将更丰富、更美好、更幸福，因为这不是普通的生存，而是有血有泪的人生。"史怀哲被尊为"非洲之父"，因为他的缘故，从此前往非洲支持医疗奉献的医师及各国捐赠的医药品源源不绝。此外，全世界有五十多个国家设有"史怀哲之友"联谊会，宣扬史怀哲"尊重生命，世界和平"的思想，并刊登他的著作，影响深远。史怀哲的奉献使成千上万人追随他的人道理想，遵照他"向生命致敬"的准则，而这种为全人类奉献的精神，才是人生快乐的真正意义。

历 届 大 考 试 题

1.【2008年高考语文福建卷】

阅读下面两段文言文，按要求答题。

子谓颜渊曰："用之则行，舍之则藏，惟我与尔有是夫！"（《论语·述而》）

孟子曰："得志与民由之，不得志独行其道。"（《孟子·公孙衍张仪章》）

根据以上两段内容，简要谈谈孔孟二人的处世态度。（4分）

答：＿＿＿＿＿＿＿＿＿＿＿＿＿＿＿＿＿＿＿＿＿＿＿＿＿＿

2.【2004年上海春季高考语文卷】

下列句中"相"的用法不同于其它三项的一项是（　）（2分）

A. 价直百金，以此相答　　　　　　　B. 相看两不厌，只有敬亭山

C. 登即相许和，便可作婚姻　　　　　D. 富贵莫相忘也

3.【2007年新加坡GCE A-Level H2试题】

刘禹锡为什么要借孔子的"何陋之有？"这句话作为文章《陋室铭》的结束？试加以分析。（5分）

答：＿＿＿＿＿＿＿＿＿＿＿＿＿＿＿＿＿＿＿＿＿＿＿＿＿＿

4.【2013年华东师范大学自主招生题】

经典解读（6分）

（1）言近而指远者,善言也。（《孟子·尽心下》）

（2）大成若缺,其用不弊。大盈若冲,其用不穷。（《道德经》）

5.【2007年新加坡GCE A-Level H2试题】

你认为冯友兰在《人生的境界》中所说的人生境界是根据什么来划分的? 试用自己的话, 说说四种境界的内涵。(4分)

6.【2007年新加坡GCE A-Level H2试题】

请解释冯友兰所说的 "天民" 的含义。(3分)

_____

_____

7.【2001年高考语文上海卷】

从下列名句中任选一句, 谈谈你对这一名句的体会。(80 字左右) (5分)

善学者,假人之长以补其短

所谓文者,务为有补于世而已矣

贵人而贱已

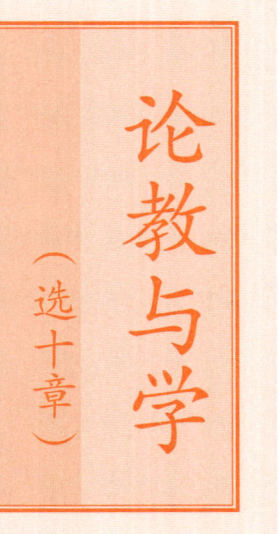

论教与学

（选十章）

引　言

　　孟子的教育思想，乃承续孔子以德为本的思想而来。他以性善说为基础，肯定"人皆可以为尧、舜"。认为人吃饱了，穿暖了，生活安逸，如果缺乏教养，那么跟禽兽又有什么分别呢？因此主张教育的目标在于"明人伦"，亦即讲明人与人相处所应遵守的伦理规范。如果人人都能对人伦之道身体而力行之，亲其亲，长其长，天下就太平了。

　　教学活动包括教师的"教"与学生的"学"，两者都必须掌握适当的原则与方法，才能使受教者获益，达成教学的目标。

　　就为师之道而言，孟子认为教学的方法不只一端，甚至于"不屑之教"也是教诲，所以应因材而施教。此外，他感受到孟母三迁之教对自己的帮助，特别强调环境对教育的影响，认为要为学习者选择适当的环境，如此才能使先天本有的善，在后天合宜环境的配合下，得到良好的栽培而成长。

　　就学习者的态度而言，首先必须掌握根本，循序渐进，毫不间断，专心致志地朝着目标努力以赴。既不能超越等次，也不可一曝十寒，更不应心有旁骛。如此再依循正确的治学方法，深入到所研究的学问里面，自然能够融会贯通而有心得，以达到取用无穷的地步。

现代的人偏重于知识教育，而忽略人伦道德教育，所得的往往只是零碎的记诵之学，未必能掌握根本，以致社会风气日益浇薄，犯上作乱、奸淫欺诈之事层出不穷。为补偏救弊，孟子的教育理念正可以作为我们反省、改进之资。

（一）

因材施教

孟子曰："君子之所以教者五^①：有如时雨化之者^②，有成德者^③，有达财者^④，有答问者^⑤，有私淑艾者^⑥。此五者，君子之所以教也。" ——《尽心上》

章旨

孟子论君子施教的方法不一，各因其才性而教导之，甚且以流风余韵来影响不能亲自受教诲的人。

注释

① **君子之所以教者五**：君子用来教导人的方法有五种。

② **有如时雨化之者**：有像及时的雨水化育草木一般的。化，化育、变化成长。

③ **有成德者**：有成就其本有之德性的，指因其本有的德性来教导他。

④ **有达财者**：有通达其才能的，指因其材而教导，使其成为有用的人。财，通"材"。

⑤ **有答问者**：有解答其疑问的。

⑥ **有私淑艾者**：有不能亲自教导，但以自己的言行让人觉得美善，而自动修养品德的。私，私下。淑，善。艾，通"乂"，音yì，治理。

孟子以"得天下英才而教育之"(《尽心上》)为人生的乐事之一,可见他对教育是颇有心得的。这里所提出的五种教育方法,正是他开启学生智慧、培育人材的锁钥。

"有如时雨化之者",即久旱之后,有如及时雨一般,滋润草木,使其化育成长,这是掌握教育时机和情境的教学原理。"有成德者",谓依其先天具有的德性,顺势教导而有成就,这是儒家助人成就道德的一贯宗旨。"有达财者",这里的"达财"不是教人发财,而是培养才能、传授技能,使其在社会上能够谋生立足。"有答问者",即就其所问,以为解答,使其疑惑冰释,这是问答的教学法。"有私淑艾者",这是树立典范,以己之言行造成流风余韵,让后人师法学习。像孔子对于孟子,就是一个很好的例子,孟子说:"予未得为孔子徒也,予私淑诸人也。"(《离娄下》)

教育之功在能因材施教,使人尽其才,让每个受教者,都可获得充分的发展。早在两千四百多年前,孟子即能朝此目标而实践之,真是难能可贵!尤其是"树立典范,以为百世之师"的说法,使我们知道不仅可以今人为师,更可效法古人。

相关名言

◎善待问者,如撞钟,扣之以小者则小鸣,扣之以大者则大鸣。待其从容。

——《礼记·学记》

◎人类之所以千差万别,便是由于教育之故。

——【英国】洛克

教亦多术

孟子曰："教亦多术矣[①]！予不屑之教诲[②]也者，是亦教诲之而已矣[③]。"

——《告子下》

章旨

孟子言不屑于教诲，也是一种教诲的方式。

由上二章可见施教方法甚多，当因其材而谨慎实行。

注释

①**教亦多术矣**：教导有很多的方法呀！矣，句中语助词，无义。术，方法。

②**予不屑之教诲**：我瞧不起而不教诲他。不屑，轻视、瞧不起之意。

③**是亦教诲之而已矣**：这也是教诲的一种方式。亦，也。而已矣，句末语气词。"而已"与"矣"相连，表示语气更强烈一些。

解读

一般人往往以为老师讲授，学生学习，这样才是教学，殊不知教学的方法很多，在论语中我们就曾看到孔子"予欲无言"的"不言之教"，与拒绝孺悲求见，令其自我省思的教育方式。此章孟子以为"不屑之教"也是一种教学的方法，以此来说明教之多术。

梁实秋在《漫谈读书》中，曾引用一则"成连移情"的故事，谓伯牙学琴于成连，三年不成，成连乃将伯牙带到蓬莱山孤岛上，让他孤独一人面对大自然，日日只闻海涛之汹涌，群鸟之悲鸣，终于自我领悟，学得妙绝天下的琴技。

大书法家颜真卿，曾投到草圣张旭门下，张旭除了要他临摹以及领悟自然万象之理外，从未讲授书法要诀。这使颜真卿很着急，他忍不住对张旭说："这几个月来，老师所教的我已学会，可是老师总该把行款落墨的绝招，再传授给我吧！"张旭说："我除了苦学，师法自然之外，哪有什么绝招呢？"颜真卿仍然不信，以为老师故意隐藏功夫，不肯相授。张旭非常不悦，说道："凡是一心只想寻找什么快捷方式、诀窍的人，永远也不会有什么成就。"说罢，拂袖而去，再也不理他，这才把颜真卿惊醒，从此一面深入揣摩前辈笔法，一面领悟自然神韵，终于成为一代书法大家。

由以上二例，亦可见教学是一种艺术，其道多方，只要能达到教学的目的，让学生能退而自省，都是好的方法。

相关名言

◎不愤不启，不悱不发。举一隅不以三隅反，则不复也。

——《论语·述而》

◎唤起独创性的表现与求知之乐，是为人师者至高无比的秘方。

——【美国】爱因斯坦

（三）

乐有贤父兄

孟子曰："中①也养②不中，才③也养不才，故人乐有贤父兄④也。如中也弃⑤不中，才也弃不才，则贤不肖⑥之相去⑦，其间不能以寸⑧。"
　　　　　　　　　　　　　　　　——《离娄下》

章旨

孟子言人乐有贤父兄，因其能教养自己，若弃而不教，则与不肖之父兄相去无几。勉励为人父兄者，不可不教导子弟。

注释

①**中**：中道，在此指具有此中正之道的人。

②**养**：涵养教导。

③**才**：才能，在此指具有才能的人。

④**乐有贤父兄**：高兴有贤能的父兄教导自己。

⑤**弃**：指放弃而不教导。

⑥**不肖**：不贤。肖，音xiào，本义为"骨肉相似"，即像他的父、祖，引申作"贤"解。

⑦**相去**：相距，指两者之间的差距。

⑧**其间不能以寸**：这距离（空隙）不及一寸，意谓相差无几。以，及、到。间，音jiàn，空隙。

解读

每个家庭的状况不尽相同，俄国文豪列夫·托尔斯泰说："幸福的家庭都是相似的，不幸的家庭却各有各的不幸。"所以当我们拥有幸福的家庭时，要知道珍惜，当我们家庭不美满时，要能积极改善，至少要有以后一定要建立一个幸福家庭的企盼。

家庭之所以温馨、可爱，乃在于有父母兄弟姊妹等天伦之属的亲密关系，彼此互相关怀、照顾。它是我们一出生就拥有的学习环境，各种认知或习惯的养成，都是从家庭开始。因此孟子认为除了学校教育以外，更要注重家庭教育。他主张要有贤父兄来教育子弟，对没有德行的子弟应教之以德，对没有才能的子弟应教之以才，这是父兄应尽的责任，故"人乐有贤父兄"。如果贤父兄不教育子弟，那么贤与不肖两种人也就没有什么差别了。

孟子自幼丧父，全由母亲教养成人。对于家庭教育，有深刻的体验；对于父兄的情怀，也有无比的企盼。故特别提出这个问题，希望我们注重家庭教育。

相关名言

◎父母是天然的教师。他们对儿童，特别是幼儿的影响最大。

——【俄国】克鲁普斯卡娅

◎没有了家庭，在广大的宇宙间，人会冷得发抖。

——【法国】莫洛亚

一傅众咻

　　孟子谓戴不胜①曰："子欲子之王之善与②？我明告子：有楚大夫于此，欲其子之齐语③也，则使齐人傅④诸？使楚人傅诸？"

　　曰："使齐人傅之。"

　　曰："一齐人傅之，众楚人咻⑤之，虽日挞而求其齐⑥也，不可得矣。引而置之庄、岳⑦之间数年，虽日挞而求其楚，亦不可得矣。子谓薛居州⑧善士⑨也，使之居于王所⑩；在于王所者，长幼卑尊皆薛居州也，王谁与为不善⑪？在王所者，长幼卑尊皆非薛居州也，王谁与为善？一薛居州，独如宋王何⑫？" ——《滕文公下》

章旨

　　孟子以学习语言为喻，说明环境对人的影响甚大。

　　由上二章可见环境对于教学效果的影响。

注释

①戴不胜：宋国大夫。

②子欲子之王之善与：您希望您的国君好吗？子，第二人称，此指戴不胜。王，指宋王。第二个"之"字，助词，无义。善，好、向善。与，通"欤"，语末助词。

③齐语：学习说齐国话，在此作动词用。

④傅：音fù，教导。

⑤咻：音xiū，喧扰。

⑥日挞而求其齐：天天打他，要他说齐国话。挞，音tà，鞭打。齐，指说齐国话。

⑦庄岳：庄，街名。岳，里名。为齐国首都临淄（今山东省淄博市）最繁华热闹之处。

⑧薛居州：宋国大夫。

⑨善士：指道德修养好的人。

⑩居于王所：处于王的左右。所，地方、左右。

⑪**王谁与为不善**：意即"王与谁为不善"？王要和谁一起去做不善的事？

⑫**独如宋王何**：单独一人对宋王又能怎样？独，指单独一人。如……何，奈……何、对……能怎样，表示询问或反诘。

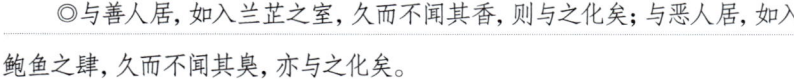

解读

孟子非常重视环境的教育。他说："富岁子弟多赖（懒），凶岁子弟多暴，非天之降才尔殊也，其所以陷溺其心者然也。"（《告子上》）唯有后天良好环境的配合，才能使本有的善，得到良好的栽培与成长。

本章孟子以学习语言为喻，说明小人多、君子少的朝廷，国君是无法行善治国的。

楚人之子欲学齐语，一齐人教诲他，众楚人喧哗干扰他，必不可能学好齐语，反之，让他置身齐国稠人广众的环境中，哪怕不想学成也不可能。同理引申之，"在国君身边的都是好人，那么国君要和谁做坏事呢？反之，如果国君身边都是坏人，那国君又要和谁去做好事呢？"这也是诸葛亮在《出师表》中涕泣着对后主刘禅说"亲贤臣，远小人，此先汉所以兴隆也；亲小人，远贤臣，此后汉所以倾颓也"的用心吧！

相关名言

◎与善人居，如入兰芷之室，久而不闻其香，则与之化矣；与恶人居，如入鲍鱼之肆，久而不闻其臭，亦与之化矣。

——【西汉】刘向《说苑》

◎蓬生麻中，不扶而直；白沙在涅，与之俱黑。

——《荀子·劝学》

（五）

学应务本

徐子①曰："仲尼亟②称于水曰：'水哉！水哉③！'何取于水也④？"

孟子曰："原泉混混⑤，不舍⑥昼夜，盈科⑦而后进，放乎四海⑧；有本者如是⑨。是之取尔⑩！苟为⑪无本，七、八月之间雨集⑫，沟浍⑬皆盈；其涸⑭也，可立⑮而待也。故声闻过情⑯，君子耻之⑰。"——《离娄下》

章旨

孟子借水"有本不竭，无本则涸"的现象，比喻学应务本。

注释

①徐子：名辟，孟子弟子。

②亟：音qì，屡次。

③水哉水哉：水啊水啊！赞美水之辞。

④何取于水也：对于水有什么可称赞的呢？取，认可、称赞。

⑤原泉混混：有源头的水是不断地涌出的。原泉，有源之水。混混，水不断涌出的样子。混，通"滚"，音gǔn。

⑥舍：止、停。

⑦盈科：充满坑坎。盈，满。科，坎、坑洞。

⑧放乎四海：流到海里。放，音fǎng，至、到。

⑨有本者如是：有本源的水就是这个样子。

⑩是之取尔：即"取是尔"之意，称赞水之有本源。是，此，指水之有本。之，助词，表宾语提前。尔，耳、而已。

⑪苟为：如果、假若。

⑫七八月之间雨集：到了七、八月的时候，雨水聚集。周之七、八月，即夏之五、六月。集，聚集。

⑬沟浍：皆田间之水道。大曰沟，小曰浍。浍，音kuài。

⑭涸：音hé，水干竭。

⑮立而待：立，站着。待，等待。引申为立刻、一会儿。

⑯声闻过情：名过其实。闻，名声。情，实际、实情。

⑰**耻之：**以之为耻，指耻其有名无实而将不继。

解读

本章孟子以水所蕴涵的特性比喻为学之理。水有本源，昼夜不停，盈科而进，以四海为归趋。人之进德，亦当先立其本，自强不息，循序以渐进，不达至善之地，绝不中止。若学不务本，则如无源之水，一时雨集而盈，其涸可立而待。故君子务先求诸己，而耻于名过其实。

在这里孟子为弟子徐辟释疑解惑，诠释孔子赞叹水的原因。"原泉混混"指明水源充沛，用以比喻人当从事有本之学。"不舍昼夜"用以比喻要能自强不息，进德修业，绝不中途而废。"盈科而后进"用以比喻学习要能循序渐进，不可超越等次。"放乎四海"用以比喻学习必定要达到目标，否则绝不中止。以上四点，就是为学值得取法之处。

相关名言

◎即使是上帝，也不能在三个月里，造出一株百年橡树。

——西方谚语

（六）

观水有术

孟子曰："孔子，登东山而小鲁，登太山而小天下①。故观于海者难为水②；游于圣人之门者难为言③。观水有术，必观其澜④；日月有明⑤，容光必照焉⑥。流水之为物也⑦，不盈科不行；君子之志于道⑧也，不成章不达⑨。"

——《尽心下》

章旨

孟子言圣道广大而有本源，学之者当从其源头入手，逐步达到目标。

上二章言求学当自强不息，循序渐进。

注释

①孔子，登东山而小鲁，登太山而小天下：孔子之道的崇高伟大，如同登上东山而觉得鲁国小了，登上太山又以为天下小了。东山，鲁城东的高山。小，以……为小，此为形容词的意动用法。太山，即泰山。

②观于海者难为水：观览过大海后，觉得一般的江河已很难称之为水了，意谓百川之水不能与大海相比。水，指大海之水。

③游于圣人之门者难为言：游学于圣人门下后，觉得一般的议论已很难称之为议论了，意谓百家之言不能与圣人之言相比。言，指合乎大道的议论。

④必观其澜：一定观察水的大波浪（以知其本源）。澜，大波浪。

⑤日月有明：日月有光的本体。

⑥容光必照焉：有容纳光线的小空隙，必可照透无遗。

⑦流水之为物也：流水这个东西。物，东西、事物。

⑧志于道：有志于学道。

⑨不成章不达：不能蓄积深厚，文采昭彰于外，就不能通达圣人的境地。章，文采鲜明外现，以喻威仪言行有法则。达，通达正道。

解读

本章以登山、观海、日月之朗照，以及流水之为物，来说明学道之要领。

登高可以望远，登得越高则所见越远，所以登东山会觉得鲁国变小，登泰山会觉得天下变小。至于观海也是，见过大海的广阔，才知百川水流的渺小。从登山观海中，可知圣道广大，其它学说就如同"小巫见大巫"一样，微不足道了。

圣人之道高明博厚，仰之弥高，钻之弥坚，确实难以企及。想要窥其堂奥，只有从其本源、本体入手。就如同观水一样，从其大波澜，以知其本源；又如从日月的无所不照，乃知其有光辉的本体。所以我们为学求道的方法就是效法流水有本有源，循序渐进，心中悬下标的，真积力久，蕴蓄深厚，工夫一到，自然能文采焕发，通达圣人的境界。

相关名言

◎会当凌绝顶，一览众山小。

——【唐】杜甫《望岳》

◎如果我所见的要比别人远一点，那是因为我站在巨人的肩膀上。

——【英国】牛顿

（七）

一暴十寒

孟子曰："无或^①乎王^②之不智也！虽有天下易生之物也，一日暴^③之，十日寒^④之，未有能生者也。吾见亦罕矣，吾退而寒之者至矣。吾如有萌焉何哉^⑤！

"今夫弈^⑥之为数^⑦，小数也；不专心致志^⑧，则不得也。弈秋^⑨，通国^⑩之善弈者也。使弈秋诲二人弈，其一人专心致志，惟弈秋之为听^⑪。一人虽听之，一心以为有鸿鹄^⑫将至，思援弓缴而射之^⑬，虽与之俱学，弗若之矣。为是其智弗若与^⑭？曰：非然也^⑮。"

——《告子上》

章旨

孟子勉人为学应专心致志，不可一曝十寒。

注释

①或：通"惑"，疑惑、奇怪。

②王：指齐宣王。

③暴：音pù，今作"曝"，晒。

④寒：阴寒，在此作动词用。

⑤吾如有萌焉何哉：我虽能使他萌生善心，又能怎样呢？萌，植物的芽，此作动词用，以喻萌生善心。焉，助词，无义。如……何，能怎样。

⑥弈：围棋。

⑦数：技术。

⑧专心致志：集中心思，坚定志向。专，专一。致，细密，引申为坚定。

⑨弈秋：古之善弈者，名秋。

⑩通国：全国。

⑪惟弈秋之为听：即"惟听弈秋"，只听弈秋的教导。惟，只。之为，宾语与述语之间的结构助词，表宾语提前。

⑫鸿鹄：鸟名，俗称天鹅。

⑬**思援弓缴而射之**：想要拉开弓，用系上绳子的箭把天鹅射下来。援，引、拉开。缴，音zhuó，生丝绳，可用以系矢而射。

⑭**为是其智弗若与**：说是聪明才智不如人吗？为，音wèi，通"谓"，说。弗若，不如。与，通"欤"。

⑮**非然也**：不是这样子。指非其智不若，乃不专心致志的缘故。

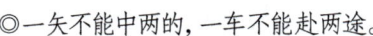

解读

本章所要强调的有两个重点：首先孟子以"虽有天下易生之物也，一日暴之，十日寒之，未有能生者也"比喻如果缺乏恒心，再怎么容易的事，也不能成功。成语"一曝十寒"，典出于此。其次孟子以两个智能差不多的人，同时拜在围棋高手秋的门下，其中一人专心致志，认真听讲；另一人则胡思乱想，以为天鹅会飞来，准备拿弓箭去射。在学习效果上，两人必有很大的不同，以此说明专心的重要。成语"专心致志"，典出于此。

所谓专心致志，就是把注意力集中在一个特定目标上，也就是把时间、心力和活动都投注在重要的事情上。只有注意力集中，才会使大脑处于积极的兴奋状态，主动、灵活地吸收所学的知识，提高学习效率。

孟子所说的这个故事，告诉我们"一曝十寒"，缺乏恒心，是我们进德修业的致命伤；"专心致志"则是学习的要领。

相关名言

◎一矢不能中两的，一车不能赴两途。

——【明】庄元臣《叔苴子·内篇》

◎追两只兔子将会一无所获。

——【俄国】陀思妥耶夫斯基

（八）

辟若掘井

孟子曰："有为者^①，辟若^②掘井；掘井九轫^③而不及泉，犹为弃井^④也。"

——《尽心上》

章旨

孟子勉人作事为学，不可半途而废，以致前功尽弃。

注释

①**有为者**：指做一件正当的事情，如行仁义之事。

②**辟若**：譬如。辟，通"譬"。

③**轫**：通"仞"，古代长度单位。周制七尺为一仞。

④**弃井**：废弃无用的井。

解读

　　求学、工作以及完成一桩事业，都要付出心力，都要有一股不畏艰难、百折不挠的毅力，都要有争取最后胜利的决心，否则就会功亏一篑，前功尽弃。

　　孟子以掘井贵在坚持为例，深入浅出地说明恒心与毅力的重要。孔子曾云："譬如为山，未成一篑；止，吾止也！譬如平地，虽覆一篑；进，吾往也！"（《论语·子罕》）其旨意也是一样的。一以掘井九仞，仍有待于及泉；一以为山九仞，不可功亏一篑，来勉人为学、做事务求贯彻，以达成功的境地。的确，学习就像马拉松竞赛，贵在坚持与耐久。"锲而不舍，金石可镂"、"精诚所至，金石为开"、"绳锯木断，水滴石穿"，古训斑斑，天下岂有半途而废却能成功的呢？

相关名言

◎为山九仞，功亏一篑。

——《尚书·旅獒》

◎行百里者半于九十。

——《战国策·秦策五》

◎成大事不在力量大小，而在于坚持多久。

——【英国】约翰逊

（九）

学贵有恒

孟子谓高子①曰："山径之蹊间②，介然用之而成路③，为间④不用，则茅塞⑤之矣。今茅塞子之心矣。"

——《尽心下》

章旨

孟子言为善向学，须有恒心，不可间断。

上三章言为学当专心致志，持之以恒。

注释

①高子：齐人，尝学于孟子，未明道，去而学于他术。

②山径之蹊间：山坡上刚走出的小路。山径，山坡。径，通"陉"，音xíng，山坡。蹊，山间始行之小径。

③介然用之而成路：每隔很短的时间就去行走，就会变成一条大路。介然，指很短的时间。用，行。

④为间：音wéi jiàn，有间，隔一段时间。

⑤茅塞：茅草生而堵塞住。茅，多年生草本植物，高三尺许，叶细长而尖，花作长穗状。

解读

其实孟子这段话只是一个借喻，他真正的用意是告诉高子，茅草已塞住他的心灵，应该赶紧去除。

俗语云"路是人走出来的"，但路不是一朝一夕就可以走出来的。必须披荆斩棘，不断地开拓，才能使之成为一条康庄大道。任何事情也都必须经由一点一滴的努力，日积月累，才有成效，而缺乏恒心，半途而废，便会一事无成。

尤其是心灵修养的工夫，更要时常澄清自己的思想，经得起外界的诱惑，否则即容易征逐声色，贪恋名利，不能慎思明辨，心灵必然会日渐闭塞，这是我们必须警惕、避免的事。

相关名言

◎撼大摧坚，要徐徐下手，久久见功。

——【明】吕坤《呻吟语》

◎心灵的漆黑一团，能使人变为野兽。

——【英国】狄更斯

（十）

深造自得

孟子曰："君子深造之以道①，欲其自得之也②。自得之，则居之安③；居之安，则资之深④；资之深，则取之左右逢其原。故君子欲其自得之也。"

——《离娄下》

章旨

孟子言为学要深入极境，自得于心，才能左右逢源。

由此章可知为学要能掌握正确方法，才能自得于心，而施用无穷。

注释

①深造之以道：依循正确的治学方法，深入到所研究的学问里。造，至。之，指所学；本章"之"字，皆指所学而言。道，在此指正确的治学方法。

②欲其自得之也：希望自己能融会贯通，领悟于心。其，指自己。

③居之安：存于心中的义理，安固而不动摇。居，处、存置在心中。安，安固。

④资之深：所凭借的很深厚。资，借助、凭借。

⑤左右逢其原：随处可遇到本源，取之不尽，用之不竭。左右，身之两旁，指身边各处。逢，遇到。原，通"源"，水泉之本。

解读

本章之重点有二：一是君子以道深造，一是学贵自得。进德修业，百工技艺，是没有偏门，没有快捷方式的。"离娄之明，公输子之巧，不以规矩，不能成方员。"（《离娄上》）一切都要按部就班，从基础、按正轨去学习，基本工夫是不能躐等的，所以孟子要"君子深造之以道"。只要能依循着正道，使自己的道德学问深入化境，自然就能领悟其中的道理。真正的有了心得，所领悟到的道理也就能安固，可以作为我们的凭借，取用不尽了。只有"自得"才会有创造力，才能活出自己的智慧。

相关名言

◎学贵心悟，守旧无功。

—— 【北宋】张载《经学理窟·学大原下》

◎能读无字之书，方可得惊人妙句；能会难通之解，方可参最上禅机。

—— 【清】张潮《幽梦影》

◎你所不理解的东西是你无法占有的。

—— 【德国】歌德

问题与讨论

一、 孟子所谓"君子之所以教者五"，是指哪五种？

二、 "予不屑之教诲也者，是亦教诲之而已矣"，这种"不屑之教"的适用性是否有其原则？请发表你的看法。

三、 请略言孟子所论"学习者的态度"的要点，并加以评论。

四、 从本单元中，你可以归纳出或联想到哪些与学习有关的成语与佳言警句？

教育是立国之本

—— 陶行知

1891年10月，在安徽徽州一个贫寒教师家里诞生了一个男婴，他就是陶行知。6岁的时候，陶行知看见邻居家厅堂的墙上挂着一副对联，便坐在地上开始临摹；14岁的时候，他写出了"我是一个中国人，应该为中国做出一些贡献来"这样励志的句子；17岁的时候，他想通过学医来解除民众的病痛，但是，他不愿意让自己的思想受外国人的随意摆布，入学仅三天，他即退学了；23岁的时候，他以总分第一名的成绩毕业于金陵大学，并立志"使中华放大光明于世界"。

那么，陶行知什么来使中华放大光明于世界呢？23岁时，他留学美国，获政治学硕士学位，之后又入哥伦比亚大学研究教育，师从著名的杜威教授。他认为教育是立国之本，是改变国家和民众的最好方式。26岁时，风华正茂的陶行知学成归国，开始了他毕生从事的教育工作。

陶行知一生对高等教育、幼儿教育、平民教育、小学教育、乡村师范教育、中等教育、成人教育都有深入的研究。特别是他提出了"生活即教育"、"社会即学校"、"教学做合一"、"终身教育"等教育理论，并将之付诸实践。

"生活即教育"是陶行知生活教育理论的核心：过什么生活便是受什么教育；过好的生活，便是受好的教育；过坏的生活，便是受坏的教育。但是，究竟什么是好的生活？什么是坏的生活呢？他阐释得十分透彻：把自己的私德健全起来，建筑起"人格长城"来。由私德的健全，而扩大公德的效用，来为集体谋利益……先生不应该专教书，他的责任是教人做人；学生不应该专读书，他的责任是学习人生之道。他既重视传统文化的内涵，又重视学生的人格内涵：智、仁、勇三者是中国重要的精神遗产，过去它被认为"天下之达德"，今天依然不失为个人完满发展之重要指标。

陶行知还认为自有人类以来，社会就是学校，他希望扩大教育的对象、学习的内容，让更多的人能受教育。他投入了大量的精力去打破教育的边界，激情澎湃的他曾与晏阳初等人发起成立中华平民教育促进会总会，奔赴各地开办平民识字读书处和平民学校，以推动平民教育运动。

"教学做合一"是他的一种教育法："教学做是一件事，不是三件事。我们要在做上教，在做上学。不在做上用功夫，教固不成为教，学也不成为学。"和现在的体验式教学非常类似。在知与行的关系上，他认为不能"死读书、读死书、读书死"，不能死死抱着知而不懂得行动，他希望"随手抓来都是学问，都是本领"，学以致用。后来，他认为，行是知之始，知是行之成……重知必先重行……有行的勇气才会有知的收获……

　　陶行知语录：

　　1. 教育方法要采取自动的方法、启发的方法、手脑并用的方法、教学做合一的方法，并且要使学生注重全面教育以克服片面教育；注重终身好学之习惯以克服短命的教育。在现状下，尤须进行六大解放：一、解放他的头脑，使他能想；二、解放他的双手，使他能干；三、解放他的眼睛，使他能看；四、解放他的嘴巴，使他能谈；五、解放他的空间，使他能到大自然大社会里取得丰富的学问；六、解放他的时间，不把他的功课表填满，不逼迫他赶考，不和家长联合起来在功课上夹攻，要让他一些空闲时间消化所学，并且学一点他自己渴望要学的学问，干一点他自己高兴干的事情。

　　2. 人生办一件大事来，做一件大事去。

　　3. 千教万教，教人求真；千学万学，学做真人。

　　4. 真教育是心心相印的活动，唯独从心里发出来，才能打动心灵的深处。

　　5. 所谓健全人格须包括：一、私德为立身之本，公德为服务社会国家之本。二、人生所必需之知识技能。三、强健活泼之体格。四、优美和乐之感情。

　　6. 先生不应该专教书，他的责任是教人做人；学生不应该专读书，他的责任是学习人生之道。

　　7. 因为道德是做人的根本。根本一坏，纵然使你有一些学问和本领，也无甚用处。

　　8. 要学生做的事，教职员躬亲共做；要学生学的知识，教职员躬亲共学；要学生守的规则，教职员躬亲共守。

　　9. 我们要活的书，不要死的书；要真的书，不要假的书；要动的书，不要静的书；要用的书，不要读的书。总起来说，我们要以生活为中心的教学做指导，不要以文字为中心的教科。

　　10. 捧着一颗心来，不带半根草去。

一、【2009年高考语文安徽卷】

下面是甲、乙两位同学关于"自主学习"的问答。请仿照乙同学对"能学"所作解释的句子的形式，在横线上填入恰当的解释文字。

甲同学：你能告诉我"自主学习"有哪些要点吗？

乙同学：好的。我认为自主学习有四个要点，就是能学、想学、会学、坚持学。"能学"是指学习者有一定的知识基础，并且具备基本的学习能力；"想学"是指＿＿＿＿＿；"会学"是指＿＿＿＿＿；"坚持学"是指＿＿＿＿＿。

二、【2007年高考语文浙江卷】

用斜线（/）给下面文言文断句。

夫 明 六 经 之 指 涉 百 家 之 书 纵 不 能 增 益 德 行 敦 厉 风 俗 犹 为 一 艺 得 以 自 资 父 兄 不 可 常 依 乡 国 不 可 常 保 一 旦 流 离 无 人 庇 荫 当 自 求 诸 身 耳

《颜氏家训·勉学》

三、【2009年高考语文四川卷】

阅读下面的文言文，回答问题。

天下不可一日而无政教，故学不可一日而亡于天下。古者井天下之田，而党庠、遂序、国学之法立乎其中。则士朝夕所见所闻，无非所以治天下国家之道，其服习必于仁义，而所学必皆尽其材。一日取以备公卿大夫百执事之选，则其材行皆已素定，而士之备选者，其施设亦皆素所见闻而已，不待阅习而后能者也。

后世无井田之法，而学亦或存或废。<u>大抵所以治天下国家者，不复皆出于学</u>。而学之士，群居族处，为师弟子之位者，讲章句、课文字而已。至其陵夷之久，则四方之学者废，而为庙以祀孔子于天下，盖庙之作出于学废，而近世之法然也。

今天子即位若干年，颇修法度，而革近世之不然者。当此之时，学稍稍立于天下矣。犹曰："州之世满二百人，乃得立学。"于是慈溪之士不得立学，而为孔子庙如故。庙又坏不治。令刘君在中言于州，使民出钱，将修而作之，未及为而去。后林君肇至，则曰："古之所以为学者，吾不得而见，而法者吾不可以毋循也。虽然，吾之人民于此不可以无教。"即因民钱作孔子庙，而治其四旁，为学舍讲堂其中，帅县之子弟，赵先生杜君醇为之师，而兴于学。

林君固贤令，而慈溪小邑，无珍产淫货以来四方游贩之民；田桑之美，有以自足，无水旱之忧也。无游贩之民，故其俗一而不杂；有以自足，故人慎刑而易治。而吾所见其邑之士，亦多美茂之材，易成也。杜君者，越之隐君子，其学行宜为人师者也。夫以小邑得贤令，又得宜为人师者为之师，而以修醇一易治之俗，而进美茂易成之材，虽拘于法，限于势，不得尽如古之所为，吾固信其教化之将行，而风俗之成也。夫教化可以美风俗，虽然，必久而后至于善。而今之吏，其势不能以久也。<u>吾虽喜三幸其将行，而又忧夫来者之不吾继也，于是本其意以告来者。</u>

1. 下列句子中加点词的解释，不正确的一项是

    A. 其施设亦皆素所见闻而已　　　　　　素：平素

    B. 讲章句、课文字而已　　　　　　　　课：抄写

    C. 而革近世之不然者　　　　　　　　　革：改变

    D. 故其俗一而不杂　　　　　　　　　　一：纯一

2. 下列各组句子中，加点词的意义和用法相同的一组是

    A. 州之士满二百人，乃得立学　　　　　B. 未及为而出

       今少卿乃教以推贤进士　　　　　　　　人非生而知之者

    C. 即因民钱作孔子庙　　　　　　　　　D. 无珍产淫货以来四方游贩之民

       相如因持璧却立，倚柱　　　　　　　　问征夫以前路

3. 下列对原文有关内容的分析和概括，不正确的一项是

    A. 通过学校学习而明白治国之道的古代士人可成为官吏的后备之选。

    B. 各地为了祭祀孔子而修建孔庙，是后世官办学校被废的原因之一。

    C. 为了当地人民的教化，慈溪县令在修孔庙时建学舍的举措得到了作者的肯定。

    D. 慈溪县有许多资质很好的人，通过学校的培养，他们很容易成为国家可用之才。

4. 把画横线的句子翻译成现代汉语。

    （1）大抵所以治天下国家者，不复皆出于学。

    （2）吾虽喜且幸其将行，而又忧夫来者之不吾继也，于是本其意以告来者。

四、【2008年高考语文辽宁卷】

    书院教育，是宋元明时期最具特色的教育组织形式。"书院"一词，最早出现于唐代。不过，那时的书院主要还只是编书、藏书以及读书的场所。作为具有一定规模的教育场所的书院，是到宋代才出现的。当时，刚刚经历五代十国战乱，文化教育亟待振兴，一些思想家也需要自己的宣传阵地，以私人讲学为核心的书院教育，就顺应这种时代需要而出现了。宋代书

院教育，以其官私结合的教育体制以及完善的教育组织形式，呈现出与古代私学大不相同的面貌。不仅如此，书院教育与宋代官学之间也有较大区别。虽然书院也选用儒家经典作为教材，但它更侧重于引导生徒修养品性、增长才识，而不是为了适应科举。不过，书院的教学内容又都不出北宋官学以及科举所要求的范围，也正因为如此，书院能够得到宋代官府的鼓励，并获得长足的发展。

书院教育直接影响了宋代学术的发展，成为宋代理学发展的摇篮。一方面，书院中掌教的"山长"，一般都会把自己的思想定为书院的教育宗旨，以此来聚集生徒，开展讲学活动。书院生徒在聆听山长集中讲学、向山长请教以外，还有充分的时间组织自学和学术讨论，这种浓厚的探讨学问的风气为思想和学术的发展留出了很大余地。另一方面，书院中的讲学内容既包括掌教者个人的学术思想，也包括正统的儒家经学思想，还包括一些后来逐渐为官方所接受的民间思想。书院因此而成为各种思想和学术交流的场所，书院之间更以学术论辩、讲学交流等形式，促成不同思想和学术的深入研讨和互相影响，从而为宋代理学的成熟准备了条件。此外，南宋时期一些理学家开始掌教各大书院，推动了书院教育与学术研究结合的进程，也促进了理学的传播与深入发展。著名的理学家陆九渊曾经受邀前往白鹿洞书院讲学，他讲授《论语》"君子喻于义，小人喻于利"一章，听讲的人都很感动，甚至于有听讲者为之落泪。书院交流的盛况以及书院教育推行理学思想所形成的影响，由此可见一斑。

（摘编自袁行霈等主编《中华文明史》）

1. 下列有关"宋代书院教育"的表述，不正确的一项是

    A. 宋代书院教育作为一种教育组织形式，以官私结合体制和私人讲学为主要特点。

    B. 宋代书院教育是顺应战乱后文化教育亟待振兴，以及思想传播的需要而出现的。

    C. 宋代书院教育中选用的教材与官学相似，但其人才培养的标准与官学大相径庭。

    D. 宋代书院教育的教学内容能够符合官府的要求，因而能有机会获得长足的发展。

2. 下列对原文的理解和分析，不正确的一项是

    A. 唐代和宋代都有"书院"这一名称。不过，唐代的书院和宋代的书院是名同实异的关系。

    B. 宋代书院中的生徒要集中聆听山长讲学、向山长请教，并在山长的组织下开展自学和讨论。

    C. 书院中的私人讲学、学术讨论及书院间的学术论辩、讲学交流，是宋代书院中常见的教育活动。

    D. 南宋时期一些理学家开始掌教各大书院，书院的这种变化，有利于书院教育与学术研究的结合。

3. 根据文意，下列推断有误的一项是

A. 作为教育体制的宋代书院，与此前的古代私学既相区别，又有一定的联系。

B. 宋代书院中的生徒，对当时朝廷科举考试的总体要求，大致上也能够适应。

C. 一些民间思想，往往通过书院教育的途径来实现逐渐为官方所接受的目的。

D. 在书院的讲学交流中，不同思想和学术相互影响，都有机会得到发展完善。

引　言

政治的良窳，关系着人民生活的幸福与否，故古今以来的思想家，其学说很少不涉及政治的。孟子生于战国之时，内则诸侯只图一己之享受，横征暴敛，外则各国兵连祸结，干戈不息，以致民生憔悴，因此《孟子》各篇大都是针对现实政治问题而发言。其政治思想主要是以民本为核心，以仁政为纲领，以王天下为最终目标，期望拯救生民于水火之中，使老百姓获得最好的安顿。

从社会的观察和历史的经验中，孟子认识到民心的向背是决定政治成功或失败的因素。他指出桀、纣之亡天下，就是因为丧失民心，失去人民的拥戴。如果执政者不能体恤人民，那战争时，百姓就眼看官员战死也不肯救援；反之，能得人和，即可胜过天时、地利。因此在国君、社稷、人民三者之中，孟子特别提出"民为贵，社稷次之，君为轻"的民本观念，认为国君施政应以人民的利益为依归。

基于性善之说，孟子认为仁政才是最合乎人性的政治。他说："人皆有不忍人之心，先王有不忍人之心，斯有不忍人之政。"（《公孙丑上》）所以他到处宣扬仁政。行仁政的方法，首先要注重民生：为民制产，使人民有固定的产业；不违农时，不妨害各行业的生产；省刑罚，让人民休养生息；薄税敛，避免苛捐杂税。其次要施以教化，"谨庠序之教，申之以孝悌之义"（《梁惠王上》），只要能"老吾老以及人之老，幼吾幼以及人之幼"，则"天下可运于掌"（《梁惠王上》）。

从以上的说明，可知孟子的政治思想带有很浓厚的道德色彩，可以说是一位德治主义者，他把道德思想直接延伸到政治，使政治的目的和手段，统以道德为依归。只是这种思想比较侧重内容的抒发，而忽略客观制度的建构，这是我们现代人所不可不知的。

（一）

民为贵

孟子曰："民为贵，社稷^①次之，君为轻。是故得乎丘民^②而为天子，得乎天子为诸侯，得乎诸侯为大夫。诸侯危社稷，则变置^③。牺牲既成^④，粢盛既洁^⑤，祭祀以时，然而旱干水溢，则变置社稷。" ——《尽心下》

章旨

孟子言社稷、君主，皆为民而立；如不能尽职，则当更立。人民为国家之根本，故民贵君轻。

注释

①社稷：国家。古代帝王诸侯建国，则立坛以祭祀"社"、"稷"，故常以社稷为国家的代称。社，土神。稷，谷神。

②丘民：田野之民，引申为众民。

③变置：更立、改立，此指更立贤君。

④牺牲既成：供祭祀用的牛、羊、猪已经肥大。牺牲，牛、羊、豕之属以祀神者。成，饲养之期已足，而长得肥硕。

⑤粢盛既洁：放在祭器里的谷物都已洁净。粢，音zī，黍、稷（粟米）之类的谷物。盛，音chéng，黍稷放在祭器中。洁，净。

解读

本章是孟子民本思想最为明确的宣示。他认为：为了社稷的利益，可以更立贤君；而为了人民的福祉，又可以更立社稷；可见国君的地位不是绝对的，社稷的神圣也不是绝对的。国家是由人民组成的，人民才是国家的主体。

民本思想并非孟子的创见，《尚书·五子之歌》早已说过："民惟邦本，本固邦宁。"不过在中国古代，这种思想往往与天道的观念结合在一起。如"民之所欲，天必从之"（《左传·襄公三十一年》引《泰誓》）、"天视自我民视，天听自我民听"（《万章上》引《泰誓》）。但基于"天道远，人道迩"的认识，孟子常摆脱神权，以合乎客观规律性的天道，来谈民众的利益、民心的作用。尤其是在战国之时重利轻义、残民以逞的政治环境，和横征暴敛、生民憔悴的经济环境之中，"民为贵，社稷次之，君为轻"的提出，打破了神权、

119

君权至上的迷思，确是人类自由意志的觉醒，更是伟大的思想革命，这种勇于批判现实政治，强调以人民为主体的政治思想，在战国时代可谓别树一帜。

不过孟子的"民贵"之说，与近代所谓的民权仍有一段距离。民权必合民有、民享、民治三个观念。人民不只是政治的目的、国家的主体，更具有参与国政的权利。孟子之贵民，仅接近于民有、民享，至于民治的原则与制度则尚未论及。当然这是时代环境的限制，不能以此责难孟子，要惭愧的是孟子当时已能提出如此富有人文意识的政治思想，而我们后人却没有办法建立一套良好的民主机制，到头来还要取经于西方，未免可惜！

相关名言

◎崇敬人民者，受人民崇敬。

——【英国】培根

◎国家的伟大，取决于它的普通百姓的伟大。

——【美国】威尔逊

◎只有人民，才是生活的真正的、合法的主人。

——【苏联】高尔基

（二）

得道者多助

孟子曰："天时^①不如地利^②，地利不如人和^③。

"三里之城，七里之郭^④，环而攻之^⑤而不胜。夫环而攻之，必有得天时者矣；然而不胜者，是天时不如地利也。城非不高也，池^⑥非不深也，兵革^⑦非不坚利也，米粟^⑧非不多也；委而去之^⑨，是地利不如人和也。

"故曰：域^⑩民不以封疆^⑪之界，固^⑫国不以山溪^⑬之险，威^⑭天下不以兵革之利；得道^⑮者多助，失道者寡助。寡助之至，亲戚畔^⑯之；多助之至，天下顺之。以天下之所顺，攻亲戚之所畔；故君子有^⑰不战，战必胜矣。"

——《公孙丑下》

章旨

孟子论战守之道，以人和而得民心为第一要义。

注释

①**天时**：指阴晴寒暑宜于攻战的天候与时机。

②**地利**：指高城深池，山川险阻。

③**人和**：指人心所向，内部团结。

④**郭**：外城。

⑤**环而攻之**：包围起来攻打。环，围绕。

⑥**池**：环城之水，俗称护城河。

⑦**兵革**：指武器。革，甲胄。古代之甲胄，有以皮革为之者，也有以铜铁为之者。

⑧**米粟**：谷类，泛指粮食。

⑨**委而去之**：弃城逃离。委，弃。去，离。

⑩**域**：界限，此作动词用。

⑪**封疆**：疆界。封，聚土。疆，界。

⑫**固**：巩固。

⑬**溪**：山间低凹之处。

⑭**威**：威震，此作动词用。

⑮**得道**：符合正义，深得民心。

⑯**畔**：通"叛"，背叛。

⑰**有**：惟、只是。

解读

本章以天时、地利、人和三方面加以比较论证，中肯地提出"人和"是取得战争胜利的关键，进而推论出"得道者多助，失道者寡助"，阐明了施行仁政获得民心的重要。

首段为总论，以演绎的方法，开门见山地提出论点，谓"天时不如地利，地利不如人和"。

第二段为申论。首先举一座小城被"环而攻之"为例，在层层包围，攻势凶猛之下，敌人占有天时，但却久攻不下。这是因为小城拥有地利的优势，城高池深，位置险要，有效地阻挡了敌人的进攻，可见"地利"比"天时"重要。其次又举例，谓被攻的一方，城高池深，地利优越，装备精良，粮草充裕，结果因为缺乏"人和"，以致弃城而逃，可见"人和"比"地利"重要。

第三段为结论，以归纳的方式，用三个否定的排比句，排除"人和"以外的因素，以凸显"人和"的重要，然后提出"得道者多助，失道者寡助"的论断，再将"寡助之至"和"多助之至"进行对比，一是"亲戚畔之"，一是"天下顺之"，优劣立判。故知"君子有不战，战必胜"的关键，在于"得道"，得道即得民心，得民心乃能得天下。

相关名言

◎赢得战争的总是人。武器可以改变，然而人的本质是不会变的。

——【美国】普里尔

◎战争重要的不是兵力的多寡，而是人心的向背。

——【美国】约翰·柯林斯

（三）

得天下有道

孟子曰："桀、纣之失天下也，失其民也。失其民者，失其心也。得天下有道①：得其民，斯得天下矣。得其民有道：得其心，斯得民矣。得其心有道：所欲与之聚之②；所恶勿施尔也③。

民之归仁④也，犹水之就下，兽之走圹⑤也。故为渊驱鱼⑥者，獭⑦也；为丛驱爵⑧者，鹯⑨也；为汤、武驱民者，桀与纣也。今天下之君有好仁者，则诸侯皆为之驱矣；虽欲无王，不可得已⑩。

今之欲王者，犹七年之病，求三年之艾⑪也。苟为不畜⑫，终身不得。苟不志于仁，终身忧辱，以陷于死亡。《诗》云：'其何能淑？载胥及溺。'⑬此之谓也。"

—— 《离娄上》

章旨

孟子以得天下、失天下，在于民心的向背，呼吁诸侯及时行仁政，莫自陷于死亡。

上三章言社稷、君王皆为民而设，故战争的胜负，以及得天下、失天下之关键，乃在于是否得人和而受民心的拥戴。

注释

①道：在此指方法。

②所欲与之聚之：人民需求的，就为他们聚积起来。与，为（音wèi）、替。

③所恶勿施尔也：人民讨厌的，就不要加在他们身上。尔，语尾助词。

④归仁：归附仁君。

⑤圹：音kuàng，广大空旷的原野。

⑥为渊驱鱼：替深水把鱼赶来。渊，深水。为渊驱鱼，喻暴君虐民，将人民赶走而归附于行仁政的汤、武；下文"为丛驱爵"之意同此。

⑦獭：音tǎ，水獭，属哺乳类食肉目，穴居河滨，捕鱼而食。

⑧**为丛驱爵**：替丛林把鸟雀赶来。丛，茂林。爵，通"雀"，音què。

⑨**鹯**：音zhān，即隼（音sǔn），鹰类，性凶猛，常击燕、雀等食之。

⑩**虽欲无王，不可得已**：即使想不当天下之王，也不可能了。王，音wàng，即"王天下"，为天下之王，此作动词用。已，通"矣"。

⑪**犹七年之病，求三年之艾**：如同害了七年的病，要求得三年的陈艾来医治一样。七年之病，指拖延很久，情况严重的疾病，用以比喻不良之政。三年之艾，储藏很久，疗效良好的艾草，用以比喻施政良方。艾，音ài，菊科，多年生草本植物。老叶晒干成绒，可灸（音jiǔ）治疾病。

⑫**苟为不畜**：假使（平常）不积蓄储存。苟为，如果、假使。畜，通"蓄"，储存。

⑬**《诗》云："其何能淑？载胥及溺"**：《诗经》上说："那些执政者怎能把政事办好呢？君臣则相与（一起）陷溺沉沦罢了。"《大雅·桑柔》之句。淑，善。载，则、就。胥，音xū，相。及，与。溺，陷溺、沉沦。

解读

本章孟子首先论断桀、纣失去天下，是因为失掉人民；失掉人民，是因为失去民心。从而获知：得天下，要得民；得民，要得民心；要得民心，就必须为人民设想，替人民兴利除弊。

其次说明人民之归顺仁君，与水之向下流，兽之走向旷野，皆是自然的趋势。人民为桀、纣的暴政所苦，故归心于汤、武；今之诸侯皆好攻伐，各国人民深受涂炭之苦。故如有好仁之君，则人民皆将归服，如此必可王天下。在此孟子以獭驱鱼，鹯驱爵（雀），比喻桀、纣之驱民，贴切而生动。

最后孟子警告当今诸侯：治病必须蓄艾草，为政必须志于仁，否则必招忧辱而陷于死亡之祸。诚如《诗经》所言，如今诸侯之政，如何能善？只有相与陷溺，以至乱亡而已。

政权的得失，系于民心的向背，凡自弃于人民者，终必为人民所背弃，历史上朝代的衰废，莫不如此。发于两千多年前的孟子这一思想，确属真知灼见。

相关名言

◎圣人无常心，以百姓之心为心。

——《道德经》

◎政之所兴，在顺民心；政之所废，在逆民心。

——《管子·立政》

（四）

贵德尊士

孟子曰："仁则荣①，不仁则辱②。今恶辱而居不仁，是犹恶湿而居下③也。

"如恶之，莫如贵德而尊士④；贤者在位⑤，能者在职⑥。国家闲暇⑦，及是时⑧，明其政刑⑨，虽大国必畏之矣！《诗》⑩云：'迨⑪天之未阴雨，彻彼桑土⑫，绸缪牖户⑬，今此下民⑭，或敢侮予⑮。'孔子曰：'为此诗者，其知道乎⑯！能治其国家，谁敢侮之！'

"今国家闲暇，及是时，般乐怠敖⑰，是自求祸也。祸福无不自己求之者！《诗》⑱云：'永言配命⑲，自求多福。'《太甲》⑳曰：'天作孽，犹可违㉑；自作孽，不可活㉒。'此之谓也。"
——《公孙丑上》

章旨

孟子言治国当贵德尊士，任贤使能，施行仁政，以防患未然，而求荣免祸。

注释

①仁则荣：施行仁政就国家兴隆，民生安足，得其光荣。

②辱：指国家衰亡，遭受耻辱。

③居下：处于卑湿的地方。

④贵德而尊士：崇尚道德及尊敬贤士。

⑤贤者在位：（使）有贤德者居于高位。在此"贤者"不是主语，主语承上省略；下文"能者"亦同。

⑥能者在职：（使）有才能者担任官职。

⑦闲暇：指太平无事之时。

⑧及是时：趁这时候。及，趁、乘。

⑨明其政刑：修明国家的政教刑罚。

⑩诗：《诗经·豳风·鸱鸮》篇。

⑪迨：及、趁着。

⑫彻彼桑土：剥取桑根的皮。彻，通"撤"，剥取。桑土，指桑根的皮。土，通"杜"，音dù，根。

⑬绸缪牖户：缠结修补出入的洞口。绸缪，缠结修补，使其牢固。缪，音móu。牖户，窗户，此指鸟巢之通气孔及出入洞。牖，音yòu。

⑭今此下民：谓今后在此树下的这些人。

⑮或敢侮予：谁敢欺侮我呢？或，谁。予，《诗》中鸟自称。

⑯其知道乎：大概懂得防患未然的道理吧！其，殆、大概。《诗》以鸟之未雨绸缪，比喻君之治国，亦当防患未然。

⑰般乐怠敖：任情作乐，怠惰遨游。般，音pán，大。敖，通"遨"，出游。

⑱《诗》：指《诗经·大雅·文王》篇。

⑲永言配命：长远配合着天命行事。永，长。言，语中助词，无义。命，天命。

⑳《太甲》：《尚书》篇名。按太甲为商汤嫡孙，商朝第四位帝王。即位后，因荒淫无道，被伊尹放逐，三年后，以能悔过，伊尹乃迎归复位，并作《太甲》以戒之。

㉑天作孽，犹可违：天降下的灾祸，还可以逃避。孽，灾祸。违，逃避。

㉒自作孽，不可活：自己造成的灾祸，那就不能活命。活，生、保持生命。

解读

本章是针对那些只想获得尊荣，而不愿行仁政的诸侯国君所讲的。

孟子采用三段论法来说明。首先他总说行仁就能得到荣耀，不行仁就遭到耻辱。厌恶耻辱却不行仁，就如同讨厌潮湿，却还要住在低洼之处一样。接着提出行仁政的办法，那就是崇尚道德，尊重士人，让贤者在位、能者在职，趁着国家无事的时候，修明政教刑律，效法鸱鸮的未雨绸缪，有备无患。最后警告当今诸侯不可贪图安逸，自取其祸。

在这章里有个特色，那就是引用《诗》、《书》以言天人之道。认为天降灾祲，犹可用人力去避灾而免祸，人自为祸，将必自害而不可救。人之荣辱祸福，皆系于己；欲得荣以求福，去辱以远祸，皆在自己求之。由此可见孟子在天命人事上，比较强调人为的努力。

相关名言

◎治世不得真贤，譬犹治疾不得良医也。

——【东汉】王符《潜夫论》

◎国以任贤使能而兴，弃贤专己而衰。

——【北宋】王安石《兴贤》

匡许行君民并耕之说（节选）

有为^①神农之言^②者许行^③，自楚之滕，踵门^④而告文公^⑤曰："远方之人，闻君行仁政，愿受一廛而为氓^⑥。"

文公与之处^⑦。其徒数十人，皆衣褐^⑧，捆屦^⑨织席以为食。

陈良^⑩之徒陈相，与其弟辛，负耒耜^⑪而自宋之滕，曰："闻君行圣人之政，是亦圣人也。愿为圣人氓。"

陈相见许行而大悦，尽弃其学而学焉。陈相见孟子，道许行之言曰："滕君则诚贤君也；虽然^⑫，未闻道^⑬也！贤者与民并耕而食^⑭，饔飧而治^⑮。今也滕有仓廪府库^⑯，则是厉^⑰民而以自养也，恶得贤^⑱？"

孟子曰："许子必种粟而后食乎？"

曰："然。"

"许子必织布而后衣乎？"

曰："否，许子衣褐。"

"许子冠^⑲乎？"

曰："冠。"

曰："奚冠？"

曰："冠素^⑳。"

曰："自织之与？"

曰："否，以粟易之。"

曰："许子奚为不自织？"

曰："害于耕。"

曰："许子以釜甑爨^㉑，以铁^㉒耕乎？"

曰："然。"

"自为之与？"

曰："否，以粟易之。"

"以粟易械器^㉓者，不为厉陶冶^㉔；陶冶亦以其械器易粟者，岂为厉农夫哉？且许子何不为陶冶，舍皆取诸其宫中而用之^㉕？何为纷纷然^㉖与百工交易？何许子之不惮烦^㉗？"

曰："百工之事，固不可耕且为也。"

"然则治天下独可耕且为与？有大人之事^㉘，有小人之事^㉙。且一人之身，而百工之所为备^㉚；如必自为而后用之，是率天下而路^㉛也。故曰：或劳心，或劳力。劳心者治人，劳力者治于人^㉜；治于人者食人^㉝，治人者食于人^㉞；天下之通义^㉟也。

"当尧之时，天下犹未平^㊱，洪水横流^㊲，泛滥于天下；草木畅茂，禽兽繁殖。五谷不登^㊳，禽兽偪人^㊴，兽蹄鸟迹之道交于中国；尧独忧之，举舜而敷治^㊵焉。舜使益掌火^㊶，益烈山泽而焚之^㊷，禽兽逃匿^㊸。禹疏九河^㊹；瀹济、漯^㊺而注诸海；决汝、汉^㊻，排淮、泗^㊼，而注之江，然后中国可得而食也。当是时也，禹八年于外，三过其门而不入；虽欲耕，得乎^㊽？

"后稷^㊾教民稼穑^㊿，树艺⁵¹五谷；五谷熟，而民人育⁵²。人之有道⁵³也。饱食、暖衣⁵⁴、逸居而无教，则近于禽兽。圣人有⁵⁵忧之，使契⁵⁶为司徒⁵⁷，教以人伦：父子有亲，君臣有义，夫妇有别，长幼有序，朋友有信。放勋^{⑤⑧}曰：'劳之，来之^{⑤⑨}，匡之，直之^{⑥⓪}，辅之，翼之^{⑥①}，使自得之^{⑥②}，又从而振德之^{⑥③}。'圣人之忧民如此，而暇耕乎？

"尧以不得舜为己忧，舜以不得禹、皋陶^{⑥④}为己忧；夫以百亩之不易^{⑥⑤}为己忧者，农夫也。分人以财谓之惠，教人以善谓之忠，为天下得人者谓之仁。是故以天下与人易，为天下得人难。孔子曰^{⑥⑥}：'大哉，尧之为君！惟^{⑥⑦}天为大，惟尧则之^{⑥⑧}；荡荡乎^{⑥⑨}，民无能名焉^{⑦⓪}。君哉，舜也！巍巍乎^{⑦①}，有天下而不与^{⑦②}焉！'尧、舜之治天下，岂无所用其心哉？亦不用于耕耳^{⑦③}……。"

——《滕文公上》

章旨

孟子以社会分工之理论，及尧、舜治国之史实，驳斥许行君民并耕之说。

注释

①**为**：治、研究。

②**神农之言**：神农氏的学说。神农，炎帝神农氏，始作耒耜，教民稼穑。言，在此指学说。后人道耕农事，依托神农而创为学说。

③**许行**：楚人，为农家人物。

④**踵门**：至其门。踵，脚后跟，在此作动词用，至、到的意思。

⑤**文公**：滕国国君，姓姬，名不详，谥号文。

⑥**愿受一廛而为氓**：希望领受一所住宅，做您的百姓。廛，音chán，供一家居住的宅地。氓，音méng，民。

⑦**与之处**：给予许行住宅。之，指许行。处，音chù，住宅。

⑧**衣褐**：穿着粗布的衣服。衣，音yì，动词，穿。褐，粗布衣服，贱者所穿。

⑨**捆屦**：音kǔn jù，编结草鞋。捆，织、编结。屦，粗麻鞋。

⑩**陈良**：楚国儒者。

⑪**耒耜**：音lěi sì，古代的农具，犹今之犁。古人揉木为耒，断木为耜，耜用以起土，耒为其柄。

⑫**虽然**：虽如此。表示既成的事实，下文有明显的转折之意。

⑬**道**：此指农家的学说。

⑭并耕而食：谓君与民同样要自己耕种，自食其力。

⑮饔飧而治：早晚自己烧饭，而兼治国事。饔飧，音 yōng sūn，熟食；早餐为饔，晚餐为飧。

⑯有仓廪府库：向人民收取赋税，而有仓廪储存米粮，府库聚藏财货。贮谷曰仓，贮米曰廪，贮财曰府，贮兵曰库。

⑰厉：害、损害。

⑱恶得贤：怎能够算得上贤明呢？恶，音 wū，岂、怎么。

⑲冠：戴帽子，此作动词用。

⑳素：白色生绢。

㉑以釜甑爨：用铁锅瓦罐煮饭烧菜。釜，音 fǔ，铁锅；甑，音 zèng，瓦罐；皆烹饪之具。爨，音 cuàn，以火炊物。

㉒铁：指铁制的农具。

㉓械器：指耒耜、釜甑等用具。

㉔陶冶：造瓦器的陶工与造铁器的铁工。

㉕舍皆取诸其宫中而用之：所有物品只取之于自己家中而用之，不须外求。舍，相当于方言"啥"，什么东西、一切东西的意思。舍皆，什么都。宫，室，为古代房屋的通称。秦、汉以后，宫专指帝王的居所。

㉖纷纷然：忙乱的样子。

㉗不惮烦：不怕麻烦。惮，音 dàn，害怕。

㉘大人之事：指推行教化，处理政事。大人，指在位者。

㉙小人之事：指农工商之生产活动。小人，指平民。

㉚一人之身，而百工之所为备：一人身上所需用的物品，有赖于百工之制作，始能具备。备，具、齐备。

㉛率天下而路：带领天下人在路上奔走，一刻也得不到休息，极言其忙碌不堪。

㉜治于人：被人治理。

㉝食人：供养人，指缴赋税给政府。食，音 sì。

㉞食于人：被人供养，指官吏之俸禄来自于人民的赋税。

㉟通义：通行的道理。

㊱天下犹未平：天下还没有完全平治。

㊲横流：水道阻塞，由两旁流出而泛滥。横，音 hèng。

㊳五谷不登：各类的谷物都不成熟。五谷，稻、黍、稷、麦、菽。不登，不成熟。

㊴偪人：与人相迫近；相迫近，则伤害人。偪，音 bī，同"逼"，迫近。

㊵敷治：分布政事而治理之。敷，布。

㊶益掌火：任命伯益为掌火之官。益，伯益，舜臣。掌火，主掌放火以焚烧草木，驱逐野兽之事。掌，主管。

㊷烈山泽而焚之：在山泽草木丛生之处，施放炽盛之火，以燃烧之。烈，炽盛，作动词用。

㊸逃匿：逃亡躲藏。匿，音 nì，避藏。

㊹**疏九河**：就九河之旧迹而疏导之，使洪水归入河道。九河，大禹时，黄河从孟津（渡口名，在今河南省孟州市）东流到兖州（今山东省兖州市。兖，音yǎn），又向东北行，并陆续分支，成为九条。

㊺**瀹济漯**：疏通济水、漯水。瀹，音yuè，疏通。济，音jǐ，水名，源出河南省，东流至山东省入海。漯，音tà，水名，源出山东省，旧迹已湮没。

㊻**决汝汉**：除去汝水、汉水的壅塞。决，除去壅塞。汝、汉，二水名；汝水，源出河南省，在省境内注入淮水。汉水，发源于陕西省，东南流，至湖北省武汉市入长江。

㊼**排淮泗**：排去淮水、泗水的阻塞。排，指除去壅塞。淮水，发源于河南省，南经安徽省、江苏省，东入于海。泗水，源出山东省，西南流入江苏省境，合泇河入运河。按：汝、汉、淮、泗四水之中，仅汉水注入长江，此乃记者之误。

㊽**得乎**：能够吗？

㊾**后稷**：农官名。舜使弃为之，因亦称弃为后稷，为周之始祖。

㊿**稼穑**：耕种与收割，泛指一般农事。穑，音sè。

(51)**树艺**：种植。树、艺，皆作动词用。

(52)**育**：得到养育。

(53)**人之有道**：人所以为人的道理。有，为。

(54)**暖衣**：穿得暖。暖，同“暖”。

(55)**有**：又。

(56)**契**：音xiè，舜臣名，佐禹治水有功，为司徒，掌教化；后封于商，赐姓子，为商之始祖。

(57)**司徒**：官名，掌以礼教导民。

(58)**放勋**：尧之名，号陶唐。放，音fǎng。

(59)**劳之来之**：慰问辛劳的人，抚恤来归的人。劳，音lào，慰问。来，通“徕”，音lài，安抚。

(60)**匡之直之**：匡正邪恶的人，矫直枉曲的人。

(61)**辅之翼之**：辅助人民确立志向，帮助人民奉行礼教。辅、翼，皆帮助之意。

(62)**使自得之**：使人自得其本有的善性。

(63)**又从而振德之**：又接着对他提醒警告，施予德惠，不让他放逸怠惰而失本性。从而，随即、接着。振，指提醒警告使其振作奋起。德，惠，指施予德惠。

(64)**皋陶**：音gāo yáo，舜臣名，担任“士”，掌司法。

(65)**易**：治。

(66)**孔子曰**：此段分见于《论语·泰伯》第十八、十九两章，惟文字稍有不同。

(67)**惟**：独、仅。

(68)**则之**：与天齐等。则，准、等齐。

(69)**荡荡乎**：广远的样子。乎，语尾助词。

(70)**民无能名焉**：人民无法用言语来称述他（尧）的功德。名，称述、形容。焉，之，指尧的功德。

(71)**巍巍乎**：崇高伟大的样子。

(72)**不与**：不相关，指不把持、不贪恋帝位之尊荣。与，音yù，参与其中。

(73)**亦不用于耕耳**：只是不能用心在耕种上罢了。亦，但、只是。

解读

本章记录孟子与农家学说的崇拜者陈相之间的一次辩论，陈相宣扬农家学者许行的思想，认为"贤者与民并耕而食，饔飧而治"，意即社会上所有的人，都应该参与生产劳动，作为一国之君，更应身体力行，不可"厉民自养"。针对此一论点，孟子采用步步质询和层层论证的方法，将问题逐渐深化。对于陈相转述许行的主张，和对滕文公的批评，孟子并没有立即反驳，而是借"君民并耕"的话题，向陈相打听许行的劳动和生活情形，用一连串的诘问，诱使陈相代替许行现身说法，承认除了自耕自食外，还要以自己生产的产品，换取别人的产品，作为自己的生活所需。让陈相理屈，终于逼出了"百工之事，固不可耕且为也"的答案。然后以此答案为根据，引出圣人之治天下"亦不可耕且为"的结论，使陈相自陷于矛盾之中。

孟子随即展开正面的申论，认为人类社会的分工，除了耕植、纺织、陶冶之类的体力劳动之分，还有"劳心"与"劳力"、"大人之事"与"小人之事"更高层次的区分。那就是"劳心者治人，劳力者治于人；治于人者食人，治人者食于人"，这是"天下之通义"。

接着孟子说明尧、舜之治理天下，为何无法与民并耕的理由，那是：一、圣人为平天下而忧，不得而耕；二是圣人为教化百姓而忧，无暇而耕；三是圣人为寻求人才而忧，无法用心于耕。至此才完成对许行学说的批判。这是全文最精彩之处，故本章选录至此为止。

（以下孟子则借机教训陈相之背叛师门，违背中国文化发展中"用夏变夷"的规律，并举孔子弟子之坚守师教为例，指出陈相之误入歧途，不可自拔。陈相无法反驳孟子的责备后，只好更换话题，向孟子宣扬许行平抑物价的理论，以为货物数量相同，价格也应相同，这样就能做到"市贾（价）不二，国中无伪"，孟子则指出，货物不仅有数量的差别，而且还有质量的差别，质量差别越大，价格差别也越大，如果只注重数量，不注重质量，只能使人们"相率而伪"，怎能治理国家？）

相关名言

◎百技所成，所以养一人也，而能不能兼技。

——《荀子·富国》

◎民生而有群，徒群不足以相保，于是乎有国家君吏之设。国家君吏者所以治此群也。

——严复

王道之始

梁惠王曰：“寡人①之于国也，尽心焉耳矣②。河内凶③，则移其民于河东④，移其粟于河内。河东凶，亦然⑤。察邻国之政，无如寡人之用心者。邻国之民不加少⑥，寡人之民不加多，何也？”

孟子对曰：“王好战，请以战喻⑦：填然⑧鼓之⑨，兵刃既接⑩，弃甲曳兵而走⑪，或百步而后止，或五十步而后止。以五十步笑百步，则何如？”

曰：“不可，直⑫不百步耳，是亦走也。”

曰：“王如知此，则无望民之多于邻国也。不违农时⑬，谷不可胜食⑭也；数罟不入洿池⑮，鱼鳖不可胜食也；斧斤以时入山林⑯，材木不可胜用也。谷与鱼鳖不可胜食，材木不可胜用，是使民养生丧死无憾⑰也。养生丧死无憾，王道之始也。

“五亩之宅，树之以桑⑱，五十者可以衣帛⑲矣！鸡豚狗彘之畜⑳，无失其时㉑，七十者可以食肉矣㉒！百亩之田㉓，勿夺其时㉔，数口之家可以无饥矣！谨庠序之教㉕，申㉖之以孝悌之义，颁白者㉗不负戴㉘于道路矣！七十者衣帛食肉，黎民㉙不饥不寒，然而不王者，未之有也！

“狗彘食人食㉚而不知检㉛，涂有饿莩而不知发㉜。人死，则曰：‘非我也，岁㉝也。’是何异于刺人而杀之，曰：‘非我也，兵㉞也。’王无罪岁㉟，斯天下之民至焉。”

——《梁惠王上》

133

孟子告诉梁惠王治国得民之要，在于推行仁政，使民养生丧死无憾，进而谨修教化。

注释

①寡人：寡德之人，古代王侯的自谦之词。

②尽心焉耳矣：竭尽心力了。焉、耳、矣，皆语气词，无意义。焉耳矣，表示已然肯定的语气，相当于"了、了啊"。

③河内凶：河内荒年的时候。河内，魏地。今河南省黄河以北地，旧时通称河内。魏之河内，包括今河南省沁阳、济源等县市。凶，荒年。

④河东：魏地。黄河流经山西省境，自北而南，故旧时通称山西省境内黄河以东地为河东。魏之河东，包括今山西省夏县等县市。

⑤亦然：也是如此。指移其民于河内，移其粟于河东。然，如此、这样。

⑥加少：更少。

⑦以战喻：拿战争来作比喻。以，拿、用。

⑧填然：鼓音充盛的样子。

⑨鼓之：谓击鼓指挥兵士进攻。古时战争，击鼓则兵进，鸣金则兵退。之，动词后的助词。

⑩兵刃既接：指双方已经交战。兵刃，泛指兵械刀刃等兵器。接，接触。

⑪弃甲曳兵而走：丢弃铠甲、拖着兵器而逃走。甲，盔甲。曳，音yì，拖。兵，兵器。走，败逃。

⑫直：但、只。

⑬不违农时：不耽误农民耕作的时序。农时，谓春耕、夏耘、秋收之时。

⑭谷不可胜食：指五谷丰收，谷物吃不完。胜，音shēng，尽。

⑮数罟不入洿池：不用细密的鱼网在深池里捕鱼。数，音cù，细密。罟，音gǔ，鱼网。洿，音wū，深池。

⑯斧斤以时入山林：在草木零落之时进入山林砍伐木材。斧斤，皆砍伐木材的工具，斧刃纵向，斤刃横向。以，依、按。

⑰养生丧死无憾：供养生者、安葬死者的礼仪没有什么不足。憾，缺恨、不满足。

⑱五亩之宅，树之以桑：在五亩大的住宅区，利用空地种植桑树。亩，土地面积的单位，周制六尺为一步，横一步，直一百步为一亩。树，种植，动词。

⑲衣帛：穿着丝绸。衣，音yì，穿，作动词用。

⑳鸡豚狗彘之畜：鸡猪狗等家畜的饲养。豚，音tún，小猪。彘，音zhì，猪。畜，音xù，饲养。

㉑无失其时：不要错过家畜繁殖的时期。无，通"毋"，不要。

㉒七十者可以食肉矣：七十岁以上的人就有肉类可吃了。因古代人民不易吃到肉。且人老后，更需有肉类的营养补充，《礼记·王制》对士大夫就有"五十始衰，六十非肉不饱，七十非帛不暖"的说法。

㉓**百亩之田**：一夫所受的百亩田地。

㉔**勿夺其时**：不要因征调徭役，剥夺其耕耘收获的时期。

㉕**谨庠序之教**：严谨地办理学校教育。谨，严。庠、序，皆古代的地方学校名。周代称庠，商代称序。

㉖**申**：反复叮咛。

㉗**颁白者**：头发半白半黑的老人。颁，通"斑"，鬓发半黑半白。

㉘**负戴**：背着或顶着东西。负，以背背物。戴，以头顶物。

㉙**黎民**：黑发之人，泛指人民。黎，通"黧"，黑。

㉚**食人食**：指国君所养的狗猪吃人吃的食物，第一个"食"字为动词。

㉛**检**：节制。

㉜**涂有饿莩而不知发**：路上有饿死的人，却还不知道开仓赈济饥民。涂，同"途"。莩，通"殍"，音piǎo，饿死的人。发，指开仓廪以赈济。

㉝**岁**：在此指凶岁，即荒年。

㉞**兵**：兵器，指刀。

㉟**无罪岁**：不要归罪于凶岁。

解读

梁惠王三十五年（公元前336年），孟子来到魏都大梁（今河南省开封市），梁惠王向他请教自己已尽心于民事，而"邻国之民不加少，寡人之民不加多"的原因。

对于梁惠王的问题，孟子没有正面回答，而是以"五十步笑百步"的生动比喻，指出惠王所谓的"尽心"，乃治标而非治本，并不能使百姓来归。在惠王懂得这道理之后，孟子才提出治本的"王道"主张。

王道的第一步就是不滥用民力而违背农业生产，并且注意渔业、林业的发展，使百姓足以温饱，做到"养生丧死无憾"。第二步就是在百姓都能温饱的基础上，"谨庠序之教，申之以孝悌之义"，有了道德教化，才能促进人伦和谐，提升人民的精神境界。只要做到这两步，百姓便会归顺，而能统一天下。接着孟子批评当时的执政者，只图个人的享受，根本不顾百姓的疾苦，"狗彘食人食而不知检，涂有饿莩而不知发"，人民饿死，则委罪于收成不好，在此才回答了惠王"寡人之民不加多"的真正原因。

从文字的角度而言，本章文字精炼，语言生动，叙述清晰，层次分明。尤其是"五十步笑百步"，及"是何异于刺人而杀之曰'非我也，兵也'"，两个譬喻的模拟推论，实在具有无比的说服力。

相关名言

◎国家积极的目的，在于使人人得到最完美的善良生活，也就是愉快高贵的生活。

——【古希腊】亚里士多德

（七）

不为与不能（节选）

（孟子）曰："有复①于王者曰：'吾力足以举百钧②，而不足以举一羽；明足以察秋毫之末③，而不见舆薪④。'则王许⑤之乎？"

（齐宣王⑥）曰："否！"

"今恩足以及禽兽，而功不至于百姓者，独何与⑦？然则一羽之不举，为不用力焉；舆薪之不见，为不用明焉；百姓之不见保，为不用恩焉。故王之不王，不为也，非不能也。"

曰："不为者与不能者之形⑧，何以异？"

曰："挟太山以超北海⑨，语人曰：'我不能。'是诚不能也。为长者折枝⑩，语人曰：'我不能。'是不为也，非不能也。故王之不王，非挟太山以超北海之类也；王之不王，是折枝之类也。老吾老，以及人之老⑪；幼吾幼，以及人之幼⑫；天下可运于掌⑬。《诗》⑭云：'刑于寡妻⑮，至于兄弟，以御⑯于家邦。'言举斯心，加诸彼而已⑰！故推恩足以保四海；不推恩无以保妻子。古之人⑱所以大过人⑲者，无他焉，善推其所为而已矣。今恩足以及禽兽，而功不至于百姓者，独何与？权⑳，然后知轻重；度㉑，然后知长短；物皆然，心为甚㉒。王请度之！……"

——《梁惠王上》

章旨

孟子劝请齐宣王以不忍之心推恩保民而王天下。

上四章言治国之道，当贵德任贤，施行仁政，富裕民生，谨修教化。

注释

①**复**：报告。

②**百钧**：三千斤，极言至重难举。古以三十斤为一钧。

③**秋毫之末**：鸟兽到秋季，为了御寒过冬而新生毫毛；新生的毫毛本就微小，其末端尤为纤细，此极言其细小而难见。

④**舆薪**：一车子的木柴，极言其大而易见。

⑤**许**：听信。

⑥**齐宣王**：齐国国君，威王之子，姓田，名辟疆，谥号宣。

⑦**独何与**：却为了什么呢？独，却，在此有加强语气作用。与，通"欤"。

⑧**形**：情形。

⑨**挟太山以超北海**：腋下持着泰山跃过渤海，以喻不可能之事。挟，音xié，以腋持物。超，跃而过之。北海，指渤海，以其在齐国之北，故云。

⑩**为长者折枝**：替长辈折取树枝，以喻不难之事。折枝，折取草木之枝。

⑪**老吾老以及人之老**：尊敬自己的父兄，以此心意推广到尊敬别人的父兄。上"老"字，当动词用，作尊敬解。

⑫**幼吾幼以及人之幼**：慈爱自己的子弟，以此心意推广到慈爱别人的子弟。上"幼"字，当动词用，作慈爱解。

⑬**运于掌**：运转于手掌上，极言其容易。运，转。

⑭**《诗》**：《诗经·大雅·思齐》之句。

⑮**刑于寡妻**：做妻子的模范。刑，通"型"，法，在此作动词用，树立典型。寡妻，嫡妻。诸侯谦称自己为寡人，其妻为寡妻。

⑯**御**：音yù，治理。

⑰**言举斯心加诸彼而已**：就是说以此不忍之仁心，施之于别人身上罢了。言，就是说，解释引文的发端词。举，以、拿。斯心，指不忍之仁心。加，施与。

⑱**古之人**：指古代的圣王。

⑲**大过人**：大大胜过常人。

⑳**权**：秤锤，此处作动词用，以秤称物。

㉑**度**：以尺量物。

㉒**物皆然心为甚**：物之轻重长短，皆须权度而后可知；人心则是事理的权度，行事时更须仔细度量。

解读

本段落节选自《梁惠王上》保民而王章，此章是《孟子》书里少数千字以上的长文之一，充分地表达孟子的王道思想，即行仁政、保民而王的政治主张，也反映出孟子善辩、善喻的语言艺术和雄放的文章风格。在这次谈话中，孟子举出宣王衅钟（古祭礼。新钟铸成，杀牲取血，涂于钟的缝隙，然后祭祀）时，不忍见牛恐惧发抖，而以羊易牛的事，大加夸赞，并说凭着这种不忍之心，扩而充之，即可王天下，今"王之不王"是不为也，而非不能也。

在本段落中，孟子连用两个譬喻——能举"百钧"而不能举"一羽"，能见"秋毫之末"而不见"舆薪"，以及"一羽之不举……为不用恩焉"的排比句，明白有力地说明"今恩足以及禽兽，而功不至于百姓"，肯定"三之不王"，是"不为"，非"不能"。接着再以"挟太山以超北海"、"为长者折枝"难易迥然不同的事物，解释"不为"和"不能"的区别。最后提出"推恩"之说，以国君的"仁心"为起点，使其由近而远，推己及人。并征引经典，劝宣王以古人为榜样，以身作则，治理家邦。再运用对比技巧，论述"推恩"的效能及"不推恩"的恶果。请宣王权衡轻重。如此说解，其说服力自然不问可知。

汉赵岐在《孟子题辞》中说："孟子长于譬喻，辞不迫切，而意已独至。"仅此段落就可领略孟子在这方面的功力。而其中"不为"与"不能"的教训、"老吾老，以及人之老；幼吾幼，以及人之幼"的情怀，更值得我们涵泳之。

相关名言

◎王者以民为基，民以财为本。

——《汉书·谷永传》

◎吾心信其可行，则移山、填海之难，终有成功之日；吾心信其不可行，则反掌、折枝之易，亦无收效之期也。

——孙中山

◎保护人民是一个国君最伟大的美德。

——【古罗马】塞内加

（八）

上恤下亲

邹与鲁哄①。穆公②问曰："吾有司③死者三十三人，而民莫之死也④。诛之，则不可胜诛⑤；不诛，则疾视⑥其长上⑦之死而不救，如之何则可也？"

孟子对曰："凶年饥岁，君之民，老弱转乎沟壑⑧，壮者散而之四方者，几千人矣；而君之仓廪实，府库充；有司莫以告，是上慢而残下也⑨。曾子曰：'戒之，戒之！出乎尔者，反乎尔者⑩也。'夫民今而后得反之也⑪；君无尤⑫焉！君行仁政，斯民亲其上，死其长⑬矣。"

——《梁惠王下》

章旨

孟子劝邹君行仁政，领导有司体恤人民，则人民自会为国赴义效忠。

由此章可知君王欲使人民效忠长上，战胜强敌，以行仁政而得民心，最为重要。

注释

①邹与鲁哄：邹国与鲁国交战。邹，国名，在今山东省邹城市。鲁，国名，在今山东省曲阜市。哄，音hòng，打斗声；此指交战。

②穆公：邹君。

③有司：指官吏。

④而民莫之死：但是民众没有一个死难的。莫，没有人。之，助词，无义。

⑤不可胜诛：没有办法把他们都杀了。胜，音shēng，尽。

⑥疾视：疾其视之意。疾，憎恨。其，指百姓。

⑦长上：此指有司。

⑧转乎沟壑：指辗转死于田沟山涧之中。壑，音hè，山涧。

⑨上慢而残下：对上玩忽职守，对下残害民生。慢，怠忽。

⑩出乎尔者，反乎尔者：你怎样对待别人，别人就怎样还报你。反，还报。这是"出尔反尔"的本义，与现时"称人言行前后反复，自相矛盾"之意不同。

⑪民今而后得反之也：百姓到今天得以报复其长上。

⑫**尤**：责怪。

⑬**死其长**：为长上效死。

解读

孟子曾说："爱人者人恒爱之，敬人者人恒敬之。"（《离娄下》）反之，不爱人者得不到别人的爱，不敬人者得不到别人的敬。

人与人之间的关系，往往是相互对待的，平日照顾属下，爱护百姓，急难时，属下和百姓便会为长官效命。邹、鲁一场战争下来，就暴露了邹国百姓的忠心问题：老百姓眼见着他们的官员战死，谁也不肯去救援。邹穆公为此心急如焚，不知如何是好？孟子告诉他，这都是官吏们平日不顾人民死活，只知欺压百姓，上慢残下的结果。你怎样对待别人，别人也会同样回报你。现在百姓终于逮到报复的机会，所以不能责怪他们。不过只要君行仁政，有司爱民，百姓自然会亲近其长上，并为之赴难。

相关名言

◎阴谋陷害别人的人，自己会首先遭到不幸。

——【古希腊】伊索

◎你们愿意人怎样待你们，你们也要怎样待人。

——《圣经》

问题与讨论

一、孟子的民本思想与近代的民主思想，是否相同？请就所知加以说明。

二、许行主张"贤者与民并耕而食"，孟子用什么理由加以驳斥？

三、孟子劝齐宣王"保民而王"时，曾有"不为"与"不能"之说，此二者有何相异之处？

四、孟子仁政思想的理论依据是什么？其仁政措施大致包括哪些？

一、【2006年高考语文北京卷】

阅读下面文言文,完成1—5题。

　　景公之时,霖雨十有七日。公饮酒,日夜相继。晏子请发粟于民,三请,不见许。公命柏遽巡国,致能歌者。晏子闻之,不说,遂分家粟于氓,致任器①于陌,徒行见公曰:"霖雨十有七日矣,坏室乡有数十,饥氓里有数家,百姓老弱,冻寒不得短褐,饥饿不得糟糠,敝撤②无走,四顾无告。而君不恤,日夜饮酒,令国致乐不已。马食府粟,狗餍刍豢,三室之妾俱足粱肉。狗马室妾,不已厚乎?民氓百姓,不亦薄乎?故里穷而无告,无乐③有上矣;饥饿而无告,无乐有君矣。婴随百官,使民饥饿穷约而无告,使上淫湎失本而不恤,婴之罪大矣。"再拜稽首,请身而去,遂走而出。

　　公从之,兼于涂而不能逮。令趋驾追晏子其家,不及。粟米尽于氓,任器存于陌。公驱,及之康④内。公下车从晏子曰:"寡人有罪,夫子倍弃不援,寡人不足以有约也,夫子不顾社稷百姓乎?愿夫子之幸存寡人。寡人请奉齐国之粟米财货,委之百姓,多寡轻重,惟夫子之令。"遂拜于途。晏子乃返。命禀巡氓,家有布缕之本而绝食者,使有终月之委;绝本之家,使有期年之食;无委积之氓,与之薪橑,使足以毕霖雨。令柏巡氓,家室不能御雨者,予之金。巡求氓寡用财乏者,三日而毕。后者,若不用令之罪。

　　公出舍,损肉撤酒。三日,吏告毕上:贫氓万七千家,用粟九十七万钟,薪橑万三千乘;坏室二千七百家,用金三千。公然后就内退食,琴瑟不张,钟鼓不陈。晏子请左右与以歌舞娱君者退之。

（取材于《晏子春秋》）

　　注释:①任器:装粟米的容器。②敝撤:艰难的样子。③乐:喜欢、乐意。④康:大路。

1.下列语句中加点词语的解释,不正确的一项是

　　A.致能歌者　　　　　　　　致:使……到来

　　B.徒行见公曰　　　　　　　徒:步行

　　C.兼于涂而不能逮　　　　　逮:赶上

　　D.委之百姓　　　　　　　　委:任命

2.下列各组语句中加点的词,意义、用法都相同的一组是

　　A.三请,不见许　　　　　　徒行见公曰

　　B.令国致乐不已　　　　　　狗马室妾,不已厚乎

C. 公驱, 及之康内   愿夫子之幸存寡人

D. 晏子乃返   断其喉, 尽其肉, 乃去

3. 下列各句括号中是补出的文字, 补出后句子意思不符合原文的一项是

A. (但) 无乐有上矣   B. (景公) 令趋驾追晏子其家

C. 惟夫子之令 (是听)   D. 后 (于三日) 者, 若不用令之罪

4. 下列句子编为四组, 全部表现晏子爱民爱国的一组是

①遂分家粟于氓

②饥饿而无告, 无乐有君矣

③请身而去, 遂走而出

④公出舍, 损肉撤酒

⑤三日, 吏告毕上

⑥晏子请左右以歌舞娱君者退之

A. ①②⑤   B. ②④⑤   C. ①③⑥   D. ③④⑥

5. 下列对原文的理解和分析, 不正确的一项是

A. 百姓生活困苦而得不到救助, 就会对统治者不满。

B. 景公是一个从谏如流、知错就改的开明君主。

C. 景公降尊纤贵, 并以社稷百姓的名义追回了晏子。

D. 晏子爱民爱国, 为了劝谏景公不惜放弃自己的官位。

二、【2011年"北约"自主招生题】

(一) 文言文阅读

州郡遇圣节锡宴, 率命猥妓数十群舞于庭, 作 "天下太平" 字, 殊为不经。而唐《乐府杂录》云: "舞有字, 以舞人亚身于地, 布成字也。" 王建《宫词》云: "罗衫叶叶绣重重, 金凤银鹅各一丛。每遇舞头分两向, 六平万岁字当中。" 则此事由来久矣。

(周密《齐东野语》)

1. 文中所叙是一种什么景象? 周密对此有何看法?

2. 结合现实生活中所见,谈谈你对类似现象的看法。

（二）将下段古文翻译为现代汉语

　　古者先王尽力于亲民,加事于明法,彼法明则忠臣劝,罚必则邪臣止,忠劝邪止而地广主尊者,秦是也;群臣朋党,比周以隐正道、行私曲而地削主卑者,山东是也。乱弱者亡,人之性也;治强者王,古之道也。越王勾践恃大朋之龟与吴战而不胜,身臣入宦于吴;反国弃龟,明法亲民以报吴,则夫差为擒。故恃鬼神者慢于法,恃诸侯者危其国。

（《韩非子·饰邪》）

答:＿＿＿＿＿＿＿＿＿＿＿＿＿＿＿＿＿＿＿＿＿＿＿＿＿＿＿＿＿＿＿＿

三、【2008年台湾大学入学试题】

下文中,作者认为托尔斯泰给沙皇的信之所以伟大,是因为:

　　托尔斯泰是一位伯爵,拥有很大很大的农庄,但是在他的作品《复活》中,他重新回顾成长过程中身为贵族的沉沦,以及拥有土地和农奴带给他的不安与焦虑,他决定出走。我认为托尔斯泰最伟大的作品不是《复活》也不是《战争与和平》,而是在他垂垂老矣时,写的一封给俄国沙皇的信。信中,他没有称沙皇为皇帝,而是称他为"亲爱的兄弟",他写到:"我决定放弃我的爵位,我决定放弃我的土地,我决定让土地上所有的农奴恢复自由人的身分。"那天晚上把信寄出去之后,他收了几件衣服,拎着简单的包袱,出走了。最后他死于一个名不见经传的小火车站,旁人只知道一个老人倒在月台上,不知道他就是大文豪托尔斯泰。

（蒋勋《孤独六讲·革命孤独》）

A. 托尔斯泰体认民贵君轻,实践民主思维

B. 托尔斯泰目睹贫富差距,慷慨捐财助人

C. 托尔斯泰揭露民生困苦,唤起社会关注

D. 托尔斯泰展现悲悯情怀,追求人间公义

四、【2008年高考语文福建卷】

　　今年4月12日,国际货币基金组织和世界银行分别就全球粮食价格飙升可能引发的后果发出预警。阅读下面图表,请你就我国粮食问题写一条宣传标语（16字以内）。

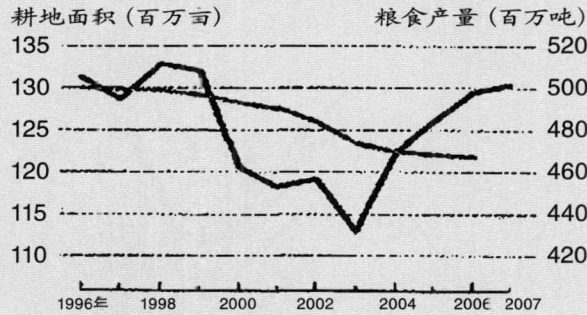

中 国 粮 食 产 量 情 况

注：细线为耕地面积，粗线为粮食产量。

答：_____

尚论古人

（选四章）

引 言

朋友相交，用意在于相勉为善。为了达到这样的目的，除了与当世之人相友以外，更要尚论古人；不但要从他们的著作中了解其思想情意，还必须考察其人的行事。以古人的言行作为表率，使自己的德业，因取资多方而日益精进。

由于孟子尚论古人的目的，是为了效法其善言善行，所以他所论述的古人，都是圣贤人物，如夏禹、商汤、周文王、周武王、周公，又如伯夷、伊尹、柳下惠等。这些人物，因境遇不同，行事也就未必一致，但他们"穷则独善其身，达则兼善天下"的用心却是相同的。因此我们尚论古人，最主要的是体察其用心，并作为自己的表率。

在诸多圣贤人物当中，孟子最推崇敬仰的是孔子。认为孔子智圣兼备，为圣之集大成者，因而以孔子为自己的最佳典范，说："乃所愿则学孔子也。"（《公孙丑上》）并以继承、发扬孔子之道为己任。在他的努力阐扬之下，终于使儒家思想大为昌明。其所志所行，就是尚友古人的最好说明，并足以作为我们的榜样。

（一）

尚友古人

　　孟子谓万章①曰："一乡之善士②，斯友一乡之善士；一国之善士，斯友一国之善士；天下之善士，斯友天下之善士。以友天下之善士为未足，又尚论③古之人。颂④其诗，读其书，不知其人可乎？是以论其世⑤也；是尚友也。"

　　　　　　　　　　　　　　　　　　——《万章下》

章旨

　　孟子示万章交友取善之道，不但应取法今人，更须进而尚友古人。

　　由此章可知修养己身，除与当世之善士相友外，尤须尚友古人。

注释

①**万章**：姓万，名章，齐人，孟子弟子。

②**一乡之善士**：一乡之中修德有成的人。

③**尚论**：向上考论。尚，通"上"。论，考论，有研究讨论之意。

④**颂**：通"诵"，朗读。

⑤**论其世**：考论他的身世言行。

解读

　　孟子论交友，曾有"友也者，友其德也"（《万章下》）、"取友必端矣"（《离娄下》）之说，此处告诉我们交友可超越时空，与古人为友。

　　本章所讲有三个层次：一是自己的善行为一乡所称，才能与一乡之善士为友，推而至于一国、天下皆然。二是广交天下之善士，仍有不足，当求于古圣先贤。三是尚友古人，要诵读其诗书，了解其义理，论其当世行事之迹，才能找到契合之处。

　　从这里给了我们两点启示：首先是善无止境，取友之道亦无止境。但自己要有善行善德，才能结交有善德善行的人。孔子说："同声相应，同气相求。"（《周易·乾卦·文言》）亚里士多德亦说："羽毛相同的鸟，自会聚在一起。"都充分说明了此一自然的道理。其次是友道的精神，可以超越时空的隔阂；人格风范与德慧性情，是古今同在，随时可以相遇的。展读诗书，即可找到心灵的朋友。

147

相关名言

◎谁喜欢什么样的朋友，谁就是什么样的人。

——【古希腊】伊索

◎友小人，只能做出小事；友大人，小者也能成其大。

——【德国】歌德

（二）

禹恶旨酒

孟子曰："禹恶旨酒①，而好善言②；汤执中③，立贤无方④；文王视民如伤⑤，望道而未之见⑥；武王不泄迩，不忘远⑦。周公思兼三王以施四事⑧。其有不合者⑨，仰而思之，夜以继日⑩；幸而得之，坐以待旦⑪。"

——《离娄下》

章旨

孟子称述禹、汤、文王、武王、周公五圣之美德。

注释

①**旨酒**：美酒。旨，甘美。

②**善言**：美言，指有助于增进自己德业的言论。

③**执中**：执守中正之道，无过无不及。

④**立贤无方**：举拔贤才，不论其出身品类。方，品类。

⑤**视民如伤**：民已安足，觉得还有创伤一样，急需细加照顾，极言文王爱民之深。

⑥**望道而未之见**：眼看大道已在目前，却像没有看见似的，极言文王求道之切。而，如。

⑦**不泄迩，不忘远**：不亲狎（音xiá）身边的近臣，也不遗忘在外的诸侯。泄，音xiè，通"亵"，狎昵（音nì）、太亲近。迩，近。

⑧**思兼三王以施四事**：想要兼融夏、商、周三代圣王的美德，而推行禹、汤、文、武四位圣王所做的善事。

⑨**其有不合者**：如果有不合于三王四事的情况。其，如果。

⑩**夜以继日**：昼夜不息。

⑪**坐以待旦**：坐着等待天亮，言其急于施行。

解读

本章孟子以精简的用语，列举禹、汤、文王、武王、周公治国的要领。

禹恐怕贪杯好饮误国，而厌恶美酒；因有助于自己修德践行，而好善言。商汤执守中正之道，用人唯贤，不问其出身品类如何。文王乐道爱民，唯恐对百姓的照顾还有不足。武王对近臣、远臣都能庄敬、诚恳相待。周公想要兼融三代圣王的美德，推行禹、汤、文、武四王所做的善事，日夜思考，希望找到最适合的方式来施行，幸而得到答案，就急着去实施，以求有成效。

孟子所称述的禹、汤、文、武、周公之事，虽然不尽相同，但皆可见圣人对国事民瘼（音mò，疾苦）的忧勤惕厉之心。

相关名言

◎一言之美，贵于千金。

——【东晋】葛洪

◎林深则鸟栖，水广则鱼游，仁义积则物自归之。

——【唐】吴兢《贞观政要·仁义》

（三）

禹稷颜回同道

禹、稷当平世①，三过其门而不入②，孔子贤之。颜子当乱世，居于陋巷，一箪食，一瓢饮，人不堪其忧，颜子不改其乐，孔子贤之。

孟子曰："禹、稷、颜回同道③。禹思天下有溺者，由己溺之也④，稷思天下有饥者，由己饥之也；是以如是其急也。禹、稷、颜子，易地则皆然⑤。今有同室之人斗者，救之，虽被发缨冠⑥而救之可也。乡邻有斗者，被发缨冠而往救之，则惑也，虽闭户可也。"

——《离娄下》

章旨

孟子推尊颜子与禹、稷因所处之境有异，故行事不同，但所抱持之道则同。

上二章言圣贤心无不同，吾人当体其心而效法其行事。

注释

①**平世**：承平有道的时代。

②**三过其门而不入**：三次经过家门，而不入内探问家中近况，本指禹治水时的勤于国政。此处稷并无三过家门而不入之事，乃古人行文连类而及之例。

③**同道**：同致力于圣贤进则救民，退则修己之道。

④**天下有溺者，由己溺之也**：天下有沉溺在水里的人，犹如自己使他们沉溺一样。由，通"犹"，如。

⑤**禹、稷、颜子，易地则皆然**：使禹、稷居颜子之地，则亦能乐颜子之乐；使颜子居禹、稷之任，亦能忧禹、稷之忧。易地则皆然，换个立场都一样。

⑥**被发缨冠**：急于往救而不及整理衣冠。被发，披散着头发，指无暇束发。被，通"披"，音pī，散。缨冠，急于戴冠，不及结缨，而连冠带缨一起顶在头上。缨，帽带。

《周易·系辞》中有一句话："天下同归而殊途，一致而百虑。"意谓天下同归于一个目标，而所走的途径有不同；同归于一个好的理想，却有百种不同的思虑。拿这句话来解释本章的含意，可以说是至为恰当。

禹、稷为救世而奔忙，人溺己溺，人饥己饥，甚且三过其门而不入。颜子居陋巷，箪食瓢饮，守道自重。这是因为禹、稷生在太平之世，而颜子却生在乱世的缘故。如果易地而处，颜子亦可如禹、稷之忧民，负起救饥救溺之责；禹、稷亦可如颜子之安贫乐道。由此可知圣贤具有相同的"仁心"，他们处于不同的时代环境，有不同的表现，但精神是一致的。

孟子进一步以劝架救人为喻，看到家里的人互相打斗，就披发缨冠，急着去劝架，这是因为在当时的情况下，义无可辞，仁无可让，正如禹、稷的立场一样。至于乡里有人打斗，自有亲近的人去劝架，所以自己可以不必介入，正如颜子的立场一样。时势不同，出处有异，这才算是合宜。

相关名言

◎东海有圣人出焉，此心同也，此理同也。西海有圣人出焉，此心同也，此理同也。千百世之上至千百世之下，有圣人出焉，此心此理，亦莫不同也。

——【南宋】陆九渊《陆九渊集》

◎每一个人都有自己的位置。任何人都是用两条腿走路的，但步态各不相同。

——【苏联】阿·巴巴耶娃

孔子集三圣之大成

孟子曰："伯夷①，目不视恶色②，耳不听恶声③。非其君④不事，非其民⑤不使。治则进，乱则退。横政之所出⑥，横民之所止⑦，不忍居也。思与乡人处⑧，如以朝衣朝冠坐于涂炭⑨也。当纣之时，居北海⑩之滨，以待天下之清也。故闻伯夷之风者，顽夫廉⑪，懦夫有立志⑫。

"伊尹⑬曰：'何事非君⑭？何使非民⑮？'治亦进，乱亦进。曰：'天之生斯民也，使先知觉后知⑯，使先觉觉后觉⑰。予，天民⑱之先觉者也；予将以此道觉此民也。'思天下之民，匹夫匹妇有不与被⑲尧、舜之泽者，若己推而内⑳之沟中，其自任以天下之重㉑也。

"柳下惠㉒，不羞污君㉓，不辞小官。进不隐贤，必以其道㉔。遗佚㉕而不怨，阨穷而不悯㉖。与乡人处，由由然㉗不忍去也。'尔为尔，我为我，虽袒裼裸裎㉘于我侧，尔焉能浼我哉㉙？'故闻柳下惠之风者，鄙夫宽㉚，薄夫敦㉛。

"孔子之去㉜齐，接淅而行㉝。去鲁，曰：'迟迟吾行㉞也。'去父母国㉟之道也。可以速而速㊱，可以久㊲而久，可以处㊳而处，可以仕而仕，孔子也。"

孟子曰："伯夷，圣之清者也；伊尹，圣之任者也；柳下惠，圣之和者也；孔子，圣之时者㊴也。孔子之谓集大成㊵。集大成也者，金声而玉振之㊶也。金声也者，始条理㊷也；玉振之也者，终条理也。始条理者，智^㊸之事也；终条理者，圣^㊹之事也。智，譬则巧也；圣，譬则力也。由^㊺射于百步之外也；其至，尔力也；其中，非尔力也。"

——《万章下》

章旨

孟子评论伯夷之清，伊尹之任，柳下惠之和；而孔子则为圣之时者，以见其圣智兼备，集众圣之大成。

由此章可知四圣各有所长，可以为后人树立榜样，而孔子则是最高的典范。

注释

①伯夷：商朝末年，孤竹君的长子，父欲立其弟叔齐。父卒，叔齐让伯夷，伯夷不肯，逃去。叔齐亦逃去。武王得天下后，伯夷兄弟不食周粟，饿死在首阳山。

②恶色：淫邪之色。

③恶声：淫靡之声。

④非其君：非理想中的仁德之君。

⑤非其民：非心目中的良善之民。

⑥横政之所出：暴政发生的国家。横政，指暴政。横，音hèng，不循法度。

⑦横民之所止：乱民聚居的地方。横民，指暴民。止，指居住、聚集之地。

⑧思与乡人处：想到要与粗鄙无知的人相处。乡人，乡野之人，在此指粗鄙无知的人。

⑨涂炭：污泥黑炭，以喻污秽之处。

⑩北海：渤海。

⑪顽夫廉：顽贪无知的人懂得廉洁而有分辨。

⑫懦夫有立志：懦弱的人懂得立志而向上。

⑬伊尹：商汤的辅臣，名挚。佐汤伐桀，灭夏。汤尊之为"阿衡"（相）。汤死，其孙太甲无道，伊尹将他放逐到桐，三年后太甲悔过，复迎之即位。死后，帝沃丁葬之以天子之礼。

⑭何事非君：即"何君非事"，言无不可侍奉之君。

⑮何使非民：即"何民非使"，言无不可使役之民。

⑯先知觉后知：先知事理的人唤醒后知事理的人。觉，唤醒。

⑰先觉觉后觉：先觉悟道理的人唤醒后觉悟道理的人。

⑱天民：即人民。

⑲被：音bèi，蒙受。

⑳内：音nà，"纳"的古字，入。

㉑自任以天下之重：即"以天下之重自任"，谓以拯救天下的重任当做自己的职责。

㉒柳下惠：春秋鲁人，僖公、文公时任大夫。姓展，名禽，字季，食邑柳下，谥惠。有"坐怀不乱"之说。

㉓不羞污君：不以侍奉昏君为羞耻。污君，指行秽之君。

㉔进不隐贤，必以其道：出仕时不隐藏自己的才能，一定依照正道而行。

㉕遗佚：指被国君遗弃，不见用。佚，音yì，放弃。

㉖阨穷而不悯：虽然困阨穷乏，但不忧愁。阨，音è，困。悯，忧。

㉗由由然：自得的样子。

㉘袒裼裸裎：赤身裸体。袒裼，音tǎn xī，露臂。裸裎，音luǒ chéng，露身。

㉙尔焉能浼我哉：你岂能污染到我呢？尔，汝、你。焉，岂。浼，音měi，污染。

㉚鄙夫宽：胸襟狭隘的人变得宽宏。鄙，狭陋。宽，动词。

㉛薄夫敦：性情刻薄的人变得敦厚。敦，动词。

㉜去：离开。

㉝接淅而行：用手捞起淘米水中的米，来不及炊煮即离开，形容离去之急迫。接，承。淅，淘米水。

㉞迟迟吾行：即"吾行迟迟"，指眷恋不忍离去。迟迟，慢慢地。

㉟父母国：所生之国，即祖国。

㊱可以速而速：可以快离去就快离去。速，快走。而，则。

㊲久：久留。

㊳处：止，指隐退。

㊴圣之时者：圣人中最合乎时宜的。时，指其行止因时而变，有原则性，也有灵活性。

㊵集大成：谓孔子集三圣之事而为一大圣之事，犹作乐者，集众音之小成而为一大成。成，乐之一终，即乐章的一个段落。

㊶金声而玉振之：奏乐时先敲金钟以发其声，后击玉磬以收其音，比喻孔子之道有其始终条理。金，指钟。声，宣，指发声。玉，磬。振，收，指收音。

㊷条理：有条不紊。指演奏时各种乐器有条不紊的互相配合。

㊸智：知无不尽，指有智慧。

㊹圣：德无不全，指有道德修养。

㊺由：通"犹"，如。

解读

在儒家的观念里，读了书是应该从政的，因为担任官职，较能发挥所学，改善社会，造福人群。不过由于个性不同，所面对的政治环境有异，所以表现的态度也不一样。本章孟子揭示了中国读书人对于从政的四种不同的类型。

伯夷，"非其君不事，非其民不使"，高尚其志，不同流合污；伊尹，"治亦进，乱亦进"，以天下为己任；柳下惠，"不羞污君，不辞小官。进不隐贤，必以其道"，洁身自好，但待人和气宽厚；孔子，"可以速而速，可以久而久，可以处而处，可以仕而仕"，行止进退，自然合宜。

分叙之后，孟子再给他们一个总评："伯夷，圣之清者也；伊尹，圣之任者也；柳下惠，圣之和者也；孔子，圣之时者也。""清"是有所不为；"任"是有所为；"和"是温和敦厚；"时"是时宜中道的表现。圣之时者，当清则清，当仕则仕，当和则和，一切皆适时合宜而中节合度，故孟子认为孔子兼三圣之所长，譬之音乐，金声玉振，集众音之大成；又譬之于射，配合功力与技巧，如同在百步之外而能命中目标，智圣兼备。

由上可知孟子对孔子的表现最为敬佩，也是他学习效法的最高典范，所以他说："乃所愿则学孔子也。"（《公孙丑上》）。

相关名言

◎天不生仲尼，万古如长夜。

——【北宋】唐庚《唐子西文录》

问题与讨论

一、除友当代之善士外，为什么还要尚友古人？又怎样尚友？

二、据孟子所言，禹、汤、文王、武王、周公五圣各有何值得称述的美德？

三、禹、稷和颜回同为圣贤，为什么他们的表现有很大的不同？

四、伯夷、伊尹、柳下惠、孔子四圣之行谊如何？孟子为什么认为孔子是集大成？

一、【2005年高考语文湖南卷】

阅读下面的文言文,完成1—4题。

记旧本韩王后

欧阳修

予少家汉东,汉东僻陋无学者,吾家又贫无藏书,州南有大姓李氏者,其子尧辅颇好学。予为儿童时,多游其家,见有弊筐贮故书在壁间,发而视之,得唐《昌黎先生文集》六卷,脱落颠倒无次序,因乞李氏以归。读之,见其言深厚而雄博,然予犹少,未能悉究其义,徒见其浩然无涯,若可爱。

是时天下学者杨、刘之作,号为时文,能者取科第,擅名声,以夸荣当世,未尝有道韩文者。予亦方举进士.以礼部诗赋为事。年十有七试于州,为有司所黜。因取所藏韩氏之文复阅之,则喟然叹曰:"学者当至于是而止尔!"因怪时人之不道,而顾己亦未暇学,徒时时独念于予心,以谓方从进士干禄以养亲。苟得禄矣,当尽力于斯文,以偿其素志。

后七年,举进士及第,官于洛阳。而尹师鲁之徒皆在,遂相与作为古文。因出所藏《昌黎集》而补缀之,求人家所有旧本而校定之。其后天下学者亦渐趋于古,而韩文遂行于世,至于今盖三十余年矣。学者非韩不学也,可谓盛矣。

呜呼!道固有行于远而止于近,有忽于往而贵于今者。非惟世俗好恶之使然,亦其理有当然者。而孔、孟惶惶于一时,而师法于千万世。韩氏之文没而不见者二百年,而后大施于今。此又非特好恶之所上下,盖其久而愈明,不可磨灭。虽蔽于暂,而终耀于无穷者,其道当然也。

予之始得于韩也,当其沉没弃废之时,予固知其不足以追时好而取势利,于是就而学之,则予之所为者,岂所以急名誉而干势利之用哉?亦志乎久而已矣!故予之仕,于进不为喜,退不为惧者,盖其志先定,而所学者宜然也。

集本出于蜀,文字刻画颇精于今世俗本,而脱缪尤多。凡三十年间,闻人有善本者,必求而改正之。其最后卷帙不足,今不复补者,重增其故也。予家藏书万卷,独《昌黎先生集》为旧物也。呜呼!韩氏之文、之道,万世所共尊,天下所共传而有也。予于此本,特以其旧物而尤惜之。

1.对下列句子中加点的词的解释,不正确的一项是

    A. 予为儿童时,多游其家   游:游玩,交往

    B. 然予犹少,未能悉究其义   悉:全,都

    C. 因怪时人之不道,而顾己亦未暇学 怪:责怪,责备

    D. 文字刻画颇精于今世俗本,而脱缪尤多 缪:通"谬",谬误

2.下列各句中加点的"之"与例句中的用法相同的一项是

例句：故予之仕，于进不为喜，退不为惧者

A. 见有弊筐贮放书在壁间，发而视之

B. 因取所藏韩氏之文复阅之

C. 而尹师鲁之徒皆在，遂相与作为古文

D. 予之始得于韩也，当其沉没弃废之时

3.下列各句中，加点的词语在文中的意义与现代汉语相同的一项是

A. 当尽力于斯文，以偿其素志

B. 此又非特好恶之所上下

C. 盖其久而愈明，不可磨灭

D. 岂所以急名誉而干势利之用哉

4.下列各句对文章的阐述，不正确的一项是

A. 本文追述了作者得韩集、读韩文、作古文的亲身经历，反映了韩氏之文从"沉没弃废"到"大施于今"的情况，从而也反映出北宋中期"古文"创作逐渐兴盛的发展过程。

B. 本文开头部分记叙了作者年少时偶然从朋友家得到《昌黎先生文集》的经历。文中提到的《昌黎先生文集》《昌黎集》《昌黎先生集》以及标题中的"旧本韩文"均指同一部书。

C. 欧阳修认为，韩氏之文的湮没无闻与盛行于世都有其当然之理。韩文的兴废表明，真正的好文章固然可能"沉没弃废"于一时。但终究会为"万世所共尊，天下所共传"。

D. 欧阳修曾利用其它版本对旧本韩文进行多次修订，补足了缺失的卷帙，使之最终成为善本。他认为韩文之大行于世，并非因为自己的倡导，而是因为韩文本身"深厚而雄博"。

二、【2008年复旦大学自主招生题】

孔子《论语·季氏》："益者三友，损者三友。友直，友谅，友多闻，益矣；友便辟，友善柔，友便佞，损矣。"这里"友直，友谅，友多闻"的意思是＿＿。

A. 朋友要正直，朋友要可靠，朋友要见闻广博

B. 朋友要正直，朋友间要相互谅解，朋友要多听取别人意见

C. 与正直的人交友，与信实的人交友，与见闻广博的人交友

D. 以正直的人为友，以讲信用的人为友，以善于多听取别人意见的人为友

三、【2009年高考语文福建卷】

阅读下面的《论语》选段,回答问题。

①子曰:"里①仁为美。择不处仁,焉得知?"

(《论语·里仁》)

②子曰:"德②不孤,必有邻③。"

(《论语·里仁》)

注:①里:居。②德:有德之人。③邻:亲近

1. 下列对选段内容的理解,不正确的一项是

A. 环境对人的道德修养有重要影响,要慎重选择。理想的居处应当是仁德之所。

B. 近朱者赤,择"仁"而处,受到仁德者的熏陶,对自己仁德的养成很有助益。

C. 选择与仁德为邻,体现了一个人的智慧,如不这样,别人怎么知道你的仁呢?

D. 同声相应,同气相求,有道德的人不会孤立,会有志趣相同的人来亲近他。

2. 孔子说:"无友不如己者。"(《学而》)意思是不要跟不如自己的人交朋友。请结合上面有关"择处"的选段,谈谈你对这句话的理解。

答:_____

四、【2003年高考语文浙江卷】

请为图书馆的对联补拟下联。

上联:学问藏今古

下联:_____

五、【2004年高考语文上海卷】

阅读下文,完成第1—4题。

齐桓公出猎,逐鹿而走,入山谷之中,见一老公而问之曰:"是为何谷?"对曰:"为愚公之谷。"桓公曰:"何故?"对曰:"以臣名之。"桓公曰:"今视公之仪状,非愚人也,何为以公名之?"对曰:"臣请陈之:臣故畜牸牛①,生子而大,卖之而买驹。少年曰:'牛不能生马。'遂持驹去。傍邻闻之,以臣为愚,故名此谷为愚公之谷。"桓公曰:"公诚愚矣!夫何为而与之?"桓公遂归。明日朝,以告管仲,管仲正衿再拜曰:"此夷吾②之过也。使尧在上,咎繇③为理,安有取人之驹者乎?若有见暴如是叟者,又必不与也。公知狱讼之不正,故与之耳。

请退而修政。"孔子曰："弟子记之，桓公霸君也，管仲贤佐也，犹有以智为愚者也，况不及桓公、管仲者也！"

[注] ①牸牛：母牛。 ②夷吾：即管仲。 ③咎繇：人名，法官。

1. 写出下列加点词在句中的意思

  (1) 以臣名之   名( )   (2) 臣故畜牸牛   畜( )

  (3) 公诚愚矣   诚( )   (4) 管仲正衿再拜曰   正( )

2. 下列句中"为"字用法与另三句不同的一项是

  A. 是为何谷   B. 何为以公名之

  C. 以臣为愚   D. 故名此谷为愚公之谷

3. 把下列句子译成现代汉语

  (1) 使尧在上，咎繇为理，安有取人之驹者乎？

  _____

  (2) 若有见暴如是叟者，又必不与也。

  _____

4. 从全文看，下列说法正确的一项是

  A. 桓公、管仲都认为愚公不是愚者。

  B. 桓公、管仲都认为愚公是愚者。

  C. 桓公认为愚公是愚者，而管仲认为他不是愚者。

  D. 桓公认为愚公不是愚者，而管仲认为他是愚者。

5. 管仲"请退而修政"的原因是_____，"修政"的内容是_____

_____。

《大学》概述

一、《大学》的名义

关于《大学》的名义，古今学者的见解并不一致，约有下列几种说法：

（一）指博大的学问

东汉郑玄《三礼目录》说："大学者，以其记博学，可以为政也。"（见《礼记正义》引）意谓这部书的内容广博无边，是有助于从事政治的博大学问，所以名之为"大学"。

（二）指古代的高等教育机关

宋朱熹《大学章句序》序说："《大学》之书，古之大学所以教人之法也。"意谓它是从古代大学的教科书而得名的。

（三）指大人的学问

宋朱熹《大学章句》上说："大学者，大人之学也。"大人之学所学的是立身行道、修己治人的道理。所以大学的得名，是取义于大人（有志于立身行道、修己治人者）讲习的学问。

（四）指大成之学。

宋黎立武《大学本旨》说："大学者，大成之学也。"意谓在进德修业上具有完整体系的学问。

以上四种说法虽然不同，却可以互相补足，因此我们可以说：大学是古代大学的教科书，它的内容广博无边，是为有志于立身行道、修己治人者所设，在进德修业上具有完整体系的学问。

二、《大学》的篇章与内容

《大学》在未独立成书之前，原本只是《礼记》的一篇，并没有分章节。到了宋朝，程颢、程颐兄弟以为《大学》有错简，所以各凭己意加以改定，但也没有明显分章节。及至朱熹著《大学章句》，才首次明定章次，将它分为经一章及传十章，并为"格物"作补传。这就是通行近八百年，迄今仍为我们所诵习，而与朱熹所注《论语》、《孟子》、《中庸》合为《四书章句集注》的《大学章句》。

综观《大学》的内容，大体上在阐述儒家的政治理论，以个人的道德修养为建构理想政治、社会的基础。概括言之，可分为三纲领和八条目两部分。所谓三纲领，就是明明德、亲民、止于至善。所谓八条目是格物、致知、诚意、正心、修身、齐家、治国、平天下。格物、致知、诚意、正心、修身，可以说是修己。齐家、治国、平天下，可以说是治人。修己是明德，治人则是亲民，无论是明德修己，或是治人亲民，都要做到止于至善的地步。儒家"内圣外王"的思想，在此显现无遗。

三、《大学》的作者与成书

《大学》一书，宋以前没有人说过是谁作的。直到北宋程颢表彰大学，认为是："孔氏之遗书，而初学入德之门也。"朱熹是第一个探讨《大学》作者的人，但他的说法，却前后有出入，他在《癸未垂拱奏札（音zhá，古代公文书的一种）》里，明白指出作《大学》的人是孔子，附益成书的是孔子的门人弟子。而在《大学章句》里，则又说："经一章，盖孔子之言，而曾子述之；其传十章，则曾子之意，而门人记之也。"自此以后，就有孔子或曾子作大学的说法，而一般为配合"四子书"所指的"四子"，都以为是曾子所作。

不过，据后代学者考证，它可能是战国以后，对儒家哲学有深邃研究的学者所作，但其姓名、生平，因文献难征，已无法考知。它的内容是以前传递下来的，而且与孔子的学说有密切的关系。

《中庸》概述

一、《中庸》的名义

"中庸"一辞，最早见于《论语·雍也》："子曰：'中庸之为德也，其至矣乎，民鲜久矣！'"意谓中庸这种美德，真是好到极点了，一般人缺少这种德性已经很久了。而《中庸》一书，本身亦出现十次"中庸"这个词。然而"中庸"一词的涵义古今学者的见解并不一致，约有下列几种说法：

（一）指运用中和之道

东汉郑玄《三礼目录》说："名曰中庸者，以其记中和之为用也。庸，用也。"（见《礼记正义》引）

（二）指没有偏差、不可改变的道理

宋程颐以为："不偏之谓中，不易之谓庸。中者，天下之正道；庸者，天下之定理。"（见朱熹《中庸章句》引）

（三）指无所偏倚的平常日用之道

宋朱熹《中庸章句》说："中者，不偏不倚、无过不及之名；庸，平常也。"

以上是有关"中庸"比较权威的三种解释。从这些解释来看，朱熹的说法大抵承程颐而来，但这两人的解说却与郑玄的说法有所不同。不过三人的诠释却可互相补足，因此我们不妨可以这么说：中庸就是不偏不倚，无过无不及，而又虽平常但不可改变的道德，这是我们可加以运用的。

二、《中庸》的篇章与内容

《中庸》在未独立成书之前，与《大学》一样，只是《礼记》的一篇，没有分章节。后来为了疏解的方便，唐孔颖达在《礼记正义》中将它分成两卷（即第五十二、五十三卷）三十三节。到了朱熹著《中庸章句》，则又依据它的内容组织，重新析为三十三章。宋元以后儒者，大抵都遵循朱子三十三章的分法。

《中庸》三十三章，主要是在阐说"中庸"为最高的道德标准和道德境界，因此后人称它是孔门最高的人生哲学。全书内容大概可分为三部分：

第一部分，包括第一章及其后的十章。其中第一章为全书的纲要，揭示宇宙的本体是人类社会道德的根源，强调修养应从"慎独"做起，以循序渐进达到"中和"的境界。其后十章则分别从各个角度，谈论中庸的道理。

第二部分，即第十二章至第二十章，从中庸之道，论及修身、为政，指出智、仁、勇三达德；君臣、父子、夫妇、昆弟、朋友五达道；尊贤、亲亲、敬大臣至柔远人（安抚边远的人）等治理天下国家的九经；以及博学、审问、慎思、明辨、笃行的为学工夫；而这一切皆以"诚"为本，所以"诚"是贯通天人的大道。

第三部分，即第二十一章至最后，专论"诚"。就天道而言，认为诚是天地赖以存在的根本，说"诚者，物之终始，不诚无物"。就人道而言，认为诚不仅在于成就自己，也在于成就事物，"诚者，非自成而已，所以成物也。"进而认为：至诚无息、至诚如神，至诚能化、至诚能尽其性；极力阐明诚所发挥的大作用。如此说来，"诚"既是天人合一之道，又是内圣外王之道。

三、《中庸》的作者与成书

《中庸》一书，向来都以为是孔子之孙子思（孔伋）所作。此一说法，最早见于《史记》。《史记·孔子世家》说："伯鱼生伋，字子思，年六十二。尝困于宋。子思作《中庸》。"后来郑玄、孔颖达、朱熹等人都采信这种说法。宋之程颢、程颐、朱熹都认为《中庸》是传自孔门，成于子思，而由子思传给孟子。如是，则中庸的成书，应在《孟子》之前，即战国初期。

不过宋代以后，就不断有人对子思作《中庸》之说提出怀疑。一般认为《中庸》之成书应晚于《孟子》，大概是战国晚期以至秦汉之际，子思、孟子学派的儒者所作，但也因文献难征，无法考知其姓名、生平了。

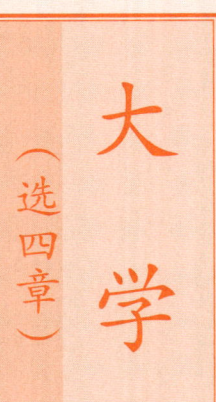

大学

（选四章）

（一）

大学之道

大学①之道，在明明德②，在亲民③，在止于至善④。知止而后有定⑤，定而后能静⑥，静而后能安⑦，安而后能虑⑧，虑而后能得⑨。物有本末，事有终始，知所先后，则近道矣⑩。

古之欲明明德于天下⑪者，先治其国；欲治其国者，先齐其家⑫；欲齐其家者，先修其身；欲修其身者，先正其心⑬；欲正其心者，先诚其意⑭；欲诚其意者，先致其知⑮；致知在格物⑯。物格而后知至⑰，知至而后意诚，意诚而后心正，心正而后身修，身修而后家齐，家齐而后国治，国治而后天下平。

自天子以至于庶人⑱，壹是⑲皆以修身为本。其本乱而末治者否矣⑳；其所厚者薄㉑，而其所薄者厚㉒，未之有也㉓。

—— 经一章

论大学之道的三纲八目,乃是由内而外,以求达到"止于至善"的修己治人之方。

此章为《大学》之纲目,合内外、综人己,规模极为宏大。

注释

①**大学**:大人之学,即培养人格完美,能修己治人的学问。

②**明明德**:修明自己天赋的灵明德性。上"明"字为动词,修明。明德,人的天生灵明德性。

③**亲民**:有两解,一指亲爱民众;一指新民,即使民众革除坏习性,德性日新又新,进步不已。亲,通"新",革新。

④**止于至善**:达到最完善的地步,并且坚守不移。止,居住、止息,引申为到达后而不改变之意。所谓"至善",是指"明明德"和"亲民"的圆满完成。

⑤**知止而后有定**:知道要达到最完善的地步,并且坚守不移,然后才能志有定向。止,指"止于至善"。定,谓志有定向,指志在于"止"的目标。

⑥**静**:心不妄动,指心能保持宁静,不受任何干扰。

⑦**安**:所处而安,即不论处于任何环境,皆能心安理得。

⑧**虑**:虑事精详。

⑨**得**:得其所止,即达到至善而不迁的境地。

⑩**"物有本末"四句**:能明了事物的本末终始,知道其先后,循序而行,自能渐进而达到至善而不迁的境地,也就近于大学之道了。本,指明明德。末,指亲(新)民。终,指能得。始,指知止。所先,指本与始;所后,指末与终。

⑪**明明德于天下**:使天下的人都能修明自己的灵明德性。

⑫**齐其家**:整治自己的家。家,包括家族。

⑬**正其心**:端正一身所主的心。

⑭**诚其意**:使自己的意念真实无妄。诚,真实。意,由内心所发的意念。

⑮**致其知**:推展自己的知识到极点。致,推极。知,知识。

⑯**格物**:穷究事物的道理。格,至,指穷究其精微。物,事物。

⑰**知至**:指对天下事物的道理,都能达到了解的地步。

⑱**庶人**:平民、百姓。

⑲**壹是**:一切、一律。

⑳**其本乱而末治者否矣**:指根本(修身)已经错乱,却能使末端(齐家、治国、平天下)做好,这是办不到的。本,指修身。末,指齐家、治国、平天下。否,不然。

㉑**其所厚者薄**：指对应该重视的修身反而忽视，认为是次要。所厚，指修身。薄，在此作动词用，有忽视之意。

㉒**其所薄者厚**：指对应该视为次要的齐家、治国、平天下反而重视，认为是首要。所薄，指齐家、治国、平天下。厚，在此作动词用，有重视之意。

㉓**未之有也**：即"未有之也"，意谓没有这一回事。

解读

本章为《大学》全篇之总纲，朱熹以为是孔子之言，故尊之为经。其用意在阐明三纲八目的连贯性，由个人明明德——格物、致知、诚意、正心、修身做起，发挥到亲（新）民——齐家、治国、平天下，以达止于至善的境界。儒家之人生哲学和政治哲学的基本体系，由此可见。

首段，先揭示《大学》的三纲领：在明明德，在亲（新）民，在止于至善。三者似是平列而其实有层次的不同，明明德是成己，亲（新）民是成物，止于至善是成己、成物皆达圆满的境界。次说"知止"的五个程序及功效：谓懂得止于至善的目标后，则志有定向，然后才能不为外物所动，然后才能随处而安，然后才能精思详辨，然后才能真正达到至善不迁的地步。"明德"和"亲（新）民"的关系，就像树木的根本和末梢一样；从"知止"到"能得"的过程，"知止"是开端，"能得"是结果。如果能够知晓本、始是先，末、终是后，循序以进，也就接近大学之道了。

次段，标举"欲明明德于天下"的步骤。运用反复式的层递法，从外推内，以究其本，又由本达末，以充其用。指出"格物、致知、诚意、正心、修身、齐家、治国、平天下"之八条目，将儒家由内圣而外王的政治理想发挥无遗，而其中的核心项目，就是"修身"的工夫。

三段，说明从主掌最高政权的人到一般平民，一律都以修养自身的德性为根本。任何人都应先求内在修养的完美，然后才能求事功的表现，以博施济众。

相关名言

◎天下之本在国，国之本在家，家之本在身。

——《孟子·离娄上》

◎安天下必须先正其身；未有身正而影曲，上理而下乱者。

——【唐】吴兢《贞观政要》

◎政治要与伦理结合，才能使国家社会的众人得到幸福的生活。

——【古希腊】亚里士多德

（二）

释正心修身

所谓"修身在正其心"者，身①有所忿懥②，则不得其正③；有所恐惧，则不得其正；有所好乐④，则不得其正；有所忧患，则不得其正。心不在焉⑤，视而不见，听而不闻，食而不知其味。此谓"修身在正其心"。

—— 传七章

章旨

解释修身必先正其心，使心不受各种不当情绪之影响而有偏失，期能心正而身修。

注释

①身：当作"心"。

②忿懥：音fèn zhì，愤怒不平。忿，愤怒、怨恨。懥，发怒。

③不得其正：不能平正。

④好乐：音hào yào，爱好、喜欢。

⑤心不在焉：心不在这里，指不专心。焉，于此。

解读

本章解释正心和修身的关系，大意在阐述心之于身，应时刻发挥主宰的功能。分上下两段：前者说明心不能为情欲所牵；后者说明心不在其所，则五官必失其效用。

心是什么？有何作用？从生理来说，心为传导血液循环全身的器官，其动静攸关人的生死，若机能故障，将引发各种疾病，如心脏停止跳动，则生命亦随之消失。从心理来说，心为思想、行为的总枢纽，一切思想、言论、行动，皆经过心的思维而决定。所以朱熹说："心者，人之神明，所以具众理，而应万事者也。"心既是神明，具众理，又怎会不得其正呢？那是受到情绪的影响。诚如本章所兰，有所忿懥、有所恐惧、有所好乐、有所忧患，则不得其正。

由此可知，当心被情绪掌控时，必会失去平正而有所偏差。因此心必须时刻检点存养，使其居于主宰的地位。倘若心失其守，驰骋于外，则无法检视其身，五官四肢亦不听命，必至于：眼睛所看到的，没有收入眼帘；耳朵所听到的，没有入耳应心；食物吃在嘴里，也品尝不出味道。所以说，修身在正心，不能正心，身亦不可得而修。

相关名言

◎人者，天地万物之心也；心者，天地万物之主也。

——【明】王守仁《王文成全书·答季明德》

◎世界上最伟大者莫如人，人体中最伟大者莫如心。

——【美国】汉弥尔顿

释修身齐家

所谓"齐其家在修其身"者，人之^①其所亲爱而辟^②焉，之其所贱恶^③而辟焉，之其所畏敬而辟焉，之其所哀矜^④而辟焉，之其所敖惰^⑤而辟焉。故好而知其恶^⑥，恶而知其美^⑦者，天下鲜^⑧矣。故谚^⑨有之曰："人莫知其子之恶，莫知其苗之硕^⑩。"此谓身不修，不可以齐其家。

—— 传八章

章旨

解释齐家必先修其身，修身在于使自己的行为中正而不偏失。

注释

①之：于、对于。

②辟：音pì，偏，指情感上的偏袒或有偏失。

③贱恶：指自己看不起或厌恶的人。贱，轻贱、瞧不起。恶，音wù，厌恶。

④哀矜：同情怜悯。矜，音jīn，怜悯。

⑤敖惰：傲慢不敬。敖，通"傲"，音ào。惰，轻慢、不敬。

⑥好而知其恶：喜欢他却能知道他的缺失。好，音hào，喜欢。恶，音è，过错、缺失。

⑦恶而知其美：厌恶他却能知道他的优点。恶，音wù，厌恶。

⑧鲜：音xiǎn，少。

⑨谚：俗语。

⑩人莫知其子之恶，莫知其苗之硕：一般人因偏心溺爱而不知道自己儿子的缺失，因贪得不满足而不觉得自家禾苗的丰美茂盛。硕，大，引申有繁茂之意。

解读

本章言修身是齐家的基础。所谓身，不专指有形的躯体，它包括内在的精神活动，与外在的行为表现。从文中"人之其所亲爱而辟焉"等五个排比句的意涵来看，本章所论修身的重点在于去除情感上的偏袒不正。

人不能离群而索居，总是要与人相处，因此待人的态度是十分重要的。但是待人的态度常因与对方的关系、地位，或人格而有不同，如：对至亲的关爱、对人格卑劣者的厌恶、对君王圣贤的畏敬、对弱势者的同情怜悯、对庸碌者的轻忽怠慢等等。如此说来，"亲爱"、"贱恶"、"畏敬"、"哀矜"、"敖惰"五种态度，都是人情中所常有的。但如果表现不能持平，不能中节，必会陷于一偏，而成为修身的障碍。就像父子之爱，若为父者只知慈爱子女，有过错而偏袒；子女只知孝父，有不义而不知尽几谏之道，则有违为父为子之道。

总括以上"亲爱"、"贱恶"、"畏敬"、"哀矜"、"敖惰"等五种态度，不外乎好与恶而已。然而，人们往往无法导正自己的情感，只因情感的偏执，就不能理性地"好而知其恶，恶而知其美"。谚语所言："人莫知其子之恶，莫知其苗之硕。"即充分透露出溺爱者不明，贪得者无厌的偏颇。

本章所论"亲爱"、"贱恶"……等偏见，与上章论正心所言"忿懥"、"恐惧"……等弊病，重点各有不同，此处着重在人与人之间外在具体行为的表现，比较强调情感的引导；上章着重于个人的内心修养，比较强调情绪的掌握。

相关名言

◎偏见是黄疸病，有偏见的眼睛看什么都是黄的。

——【英国】波普尔

释齐家治国

所谓"治国必先齐其家"者，其家不可教，而能教人者无之。故君子不出家，而成教于国[1]。孝者，所以事君也；弟者，所以事长也；慈者，所以使众[2]也。《康诰》[3]曰："如保赤子[4]。"心诚求之，虽不中[5]，不远矣。未有学养子而后嫁者也。

一家仁，一国兴仁；一家让，一国兴让；一人[6]贪戾[7]，一国作乱；其机[8]如此。此谓一言偾事[9]，一人定国。尧、舜帅[10]天下以仁，而民从之；桀、纣帅天下以暴，而民从之。其所令，反其所好，而民不从。是故君子有诸己，而后求诸人；无诸己，而后非诸人[11]。所藏乎身不恕[12]，而能喻[13]诸人者，未之有也。故"治国在齐其家"。

《诗》云："桃之夭夭，其叶蓁蓁。之子于归，宜其家人[14]。"宜其家人，而后可以教国人。《诗》云："宜兄宜弟[15]。"宜兄宜弟，而后可以教国人。《诗》云："其仪不忒，正是四国[16]。"其为父子兄弟足法[17]，而后民法之也[18]。此谓"治国在齐其家"。

——传九章

章旨

解释治国必先齐家，故当注重孝、悌、慈，并以之教化国人。

上三章论述由正心而修身、齐家、治国的要点。

注释

①**君子不出家而成教于国**：成德的人不出家门，就能成就教化于全国。

②**使众**：使役民众。

③**《康诰》**：《尚书·周书》篇名。

④**如保赤子**：保护人民像母亲爱护婴儿一样。赤子，婴儿。

⑤**中**：音zhòng，符合，此指符合赤子的心意。

⑥**一人**：此指国君。

⑦**贪戾**：贪婪暴虐。戾，音lì，乖悖暴虐。

⑧**机**：古代弩箭上的发动机关，引申指事物发生变化的关键。

⑨**偾事**：败坏事情。偾，音fèn，败坏。

⑩**帅**：通"率"，领导。

⑪**"君子有诸己"四句**：言君子自己有善行，然后才可以要求别人行善；自己没有过错，然后才可以指摘别人的过错。有，指有善。无，指无恶。非，责备、指摘。

⑫**所藏乎身不恕**：自身不具有恕道。藏，怀藏，引申为具有。

⑬**喻**：晓喻、教导。

⑭**"《诗》云"四句**：《诗经》上说："桃花是那么娇嫩美好，叶子是那么美丽茂盛。这个女子正要出嫁，她一定能使其家人和睦亲善。"此为《周南·桃夭》之句。夭夭，娇嫩美好的样子。夭，音yāo。蓁蓁，美丽茂盛的样子。之子，此子，指这位要出嫁的女子。于归，出嫁。于，往；归，古代妇人以夫家为家，故谓嫁为归。宜，和睦、亲善。

⑮**宜兄宜弟**：和睦兄长和弟弟。此为《诗经·小雅·蓼萧》之句。

⑯**"《诗》云"二句**：《诗经》上说："自己的态度举止没有差错，然后才能匡正四方之国。"此为《曹风·鸤鸠》之句。仪，态度举止。忒，音tè，差错。正，匡正。四国，四方之国。

⑰**其为父子兄弟足法**：自己在作父亲、儿子、兄长、弟弟的身分上都可以做人的榜样。法，被效法、做为榜样。

⑱**而后民法之也**：然后人民才能以他为模范。

解读

本章旨在讨论治国必先齐家之理，共分三段：

首段，说明"治国"和齐家的关系，谓治国要先从齐家做起，能齐家则能成就教化于全国。齐家要以孝事亲，以悌事长，以慈抚幼。治国则当推尽孝、尽悌、慈爱的道理于事君、事长、使众。三者之中，尤以使众最为重要。使众最贴切的方法就是对百姓"如保赤子"。只要有德、有诚意，纵使没有经验，也可以将国政治理得很好。由此可知，家族伦理是政治伦理的基础。

次段，申说治国者的家族，对于国家的影响力。如果一个居统治地位的家族，能够有仁、让的美德，则一国之中都会有仁、让的风气。治国者不仅是家人最直接的榜样，同时也是国人的表率。治国者仁爱，民亦随之仁爱；治国者暴戾，民亦随之暴戾。尧、舜和桀、

纣的表现，就是最好的实例。国家治乱旳关键，既系于治国者的言行举止，因此治国者必先正己而后正人，如此人民才会心悦诚服地接受其礼仪教化。所以说"治国在齐其家"。

末段，三次引用《诗经》的句子补充说明治国在齐家之理。"桃之夭夭"句，意谓女子出嫁，能尽妇道，方能宜其室家。"宜兄宜弟"句，意谓同姓与异姓的诸侯，都要像兄弟一般的和好，国祚方能长远。"其仪不忒"句，意谓君子的态度举止没有差错，人民就会以他为榜样。所谓"温柔敦厚，《诗》教也"（《礼记·经解》），如此不但可以使人对齐家、治国的意义有更深入的了解，而且于反复吟咏之间，有更深刻的契会体悟。

相关名言

◎一个美好的家庭，乃是一切幸福和力量的根源。

—— 冰心

◎有办法把家庭治理好的人，一旦国家有难，必能成为有作用的人。

——【古希腊】索福克勒斯

◎家庭将永远是人类社会旳基础。权力和法律的作用是在这儿开始的。

——【法国】巴尔扎克

问题与讨论

一、 试说明《大学》的由来及其书名的涵义。

二、 何谓《大学》三纲领、八条目？

三、 心的作用是什么？为什么会有偏差呢？

四、 《大学》释"修身齐家"时，说到"好而知其恶，恶而知其美者，天下鲜矣"，其原因何在？

五、 《大学》释"齐家治国"时，说到"未有学养子而后嫁者也"，其涵义为何？你是否赞同这种说法？请说明理由。

谢希德的诚与真

1949年10月1日新中国成立，正在美国麻省理工学院攻读博士学位的谢希德从亲人的来信中得到这一消息。昂首屹立于世界东方的祖国母亲，像磁石般吸引着这个远在异国他乡的赤子。有人劝告谢希德不要回到当时生活贫困、科研条件差的中国去，她却视祖国的利益高于一切，决心在学习告一段落后，立刻回国参加建设。1952年，获得博士学位的谢希德回国，在复旦大学任教，并于1956年与北京大学的黄昆教授共同主持开办了我国第一个半导体专门化培训班。

谢希德一直密切关注着国内外物理学研究的动态，努力探索真知。上世纪70年代后期，她开始思索一个奥妙而又实际的问题——怎样使钢材不生锈？是什么起到抗腐蚀的保护层作用？世界上一些国家每年因腐蚀而报废的钢材达上千万吨，中国也面临着同样的问题。怎样才能使我国有限的钢材发挥更大的作用？这就要涉足表面物理。专长在半导体和固体物理研究的谢希德，如果继续从事她的研究，可以说既省力又稳妥，还可以尽快出成果；如果另辟蹊径转入新领域，即使付出艰辛的劳动，五年十载能否取得显著成绩仍是个未知数。然而，她是一个进取心很强的人，表面物理亟待研究，哪怕付出10倍、20倍的努力，也要勇闯难关，有所创造。作为学界前辈，她也要借此鼓励年轻人去开拓这个前景广阔的新领域。谢希德率领她的团队，经过认真细致的研究，一点一滴地积累经验，使复旦大学的表面物理研究达到了世界水平。

1983年，谢希德担任复旦大学校长。以她的身份，每天上下班都有专车。可是人们时常在校车上看到她的身影。她说："在车上既可以提前处理一些公事，又可以借这个机会与同志们交谈，倾听各种议论。从校内的事到天下事都可以成为车内的话题，其中有牢骚，也不乏独到的见解；特别有意思的是车内总有一两位不愿隐瞒自己观点、也不善于窃窃私语的同志不时发表一通高见，而且获得一些同事的共鸣。"在这里，教师对学校的意见和要求得到了反映，学校的决策又通过谢希德的宣传深入人心。

谢希德这样一位日夜为科学事业操劳的学者，业余爱好广泛，喜欢多彩的生活。她酷爱集邮，喜欢欣赏古典音乐和阅读文学作品。生活虽然是丰富的，但一个人却不可能样样喜好、样样精通。有人曾撰文说谢希德爱好和擅长烹饪，其实她对此谈不上内行。为此她特意关照那位作者要实事求是："中国的烹饪大有学问，我还未入门，其实我的手艺远不及我爱人。"

1987年，谢希德的丈夫、中科院院士曹天钦患重病住院，一位成就极高的科学家变成了比孩子更需要照顾的病人。谢希德接受了这个残酷的现实，尽心履行着妻子的职责，为治愈丈夫的疾病倾注了一腔深情。那几年，谢希德政务缠身，再加上频繁的学术和外事活动，身心都十分劳累。但是不管工作多忙，只要人在上海，她每天都要挤出时间，去医院陪伴丈夫，默默地做着力所能及的一切。她和所有勤劳朴实的中国妇女一样，有着撼人心魄的人间至诚。

1999年，谢希德应邀担任新世纪版《十万个为什么》的编委，并修改书中的两篇科学小品。她深知即便是科普文章也不能不讲准确性。谢希德修改文章也像做科学实验一样，不敢有丝毫的马虎。如某作者混淆了"硅片"和"芯片"这两个概念。芯片是硅片经过多道程序加工而成的，她特地画了一个简明易懂的示意图供作者参考。另一个地方，作者为求形象生动，用"指甲大小"来描述一个面积概念。不同人的手指甲可能差别很大，即便是同一个人，大拇指和小拇指的指甲大小也并不相同。谢希德根据实际情况把它改成"一厘米见方"这样较为准确的写法。求真的科学态度对每个人都非常重要，谢希德对此更为看重。

（摘编自王增藩《谢希德传》）

一、【2012年"华约"自主招生题】

将下列文段中画横线的部分翻译成现代汉语。

　　贞观中,太宗谓褚遂良曰:"卿知《起居注》,记何事? 大抵人君得观之否?"遂良对曰:"今之起居,古之左右史,书人君言事,且记善恶,以为检戒,庶乎人主不为非法。不闻帝王躬自观史。"太宗曰:"朕有不善,卿必记之耶?"遂良曰:"守道不如守官,臣职当载笔,君举必记。"刘洎进曰:"设令遂良不记,天下之人皆记之矣。"

（《大唐新语·公直》）

二、【2011年高考语文北京卷】

用斜线(/)给下面短文断句。

　　熹窃观古昔圣贤所以教人为学之意莫非使之讲明义理以修其身然后推以及人非徒欲其务记览为词章以钓声名取利禄而已也今人之为学者则既反是矣然圣贤 所以教人之法具存于经有志之士固当熟读深思而问 辨之。

（取材于朱熹《白鹿洞书院揭示》）

三、【2011年高考语文浙江卷】

阅读下面两段文字,回答问题。

　　子曰:"道之以政,齐之以刑,民免而无耻;道之以德,齐之以礼,有耻且格。"

（《论语》）

　　夫圣人之治国,不恃人之为吾善①也,而用②其不得为非也。恃人之为吾善也,境内不什数③;用人不得为非,一国可使齐。为治者用众而舍寡,故不务德而务法。

（《韩非子》）

【注】①为吾善:自我完善。②用:使。③不什数:不能用十来计算,不用十个。

　(1)从上面两段文字中,概括出孔子和韩非子的为政观。

　孔子:_____　　韩非子:_____

　(2)对这两种为政观进行简要评析。

四、【2009年高考语文全国卷Ⅱ】

阅读下面的文言文，回答问题。

　　郭原平字长泰，禀至行，养亲必己力。性闲木功，佣赁以给供养。性谦虚，每为人作匠，取散夫价。主人设食，原平自以家贫，父母不办有肴味，唯餐盐饭而已。若家或无食，则虚中竟日，义不独饱，要须日暮作毕，受直归家，于里中买余，然后举爨。父抱笃疾弥年，原平衣不解带，口不尝盐菜者，跨积寒暑。父丧既终，自起两间小屋，以为祠堂。每至节岁蒸尝，于此数日中，哀思，绝饮粥。父服除后，不复食鱼肉。于母前，示有所啖，在私室，未曾妄尝。自此迄终，三十余载。高阳许瑶之居在永兴，罢建安郡丞还家，以绵一斤遗原平。原平不受，送而复反者前后数十。瑶之乃自往曰："今岁过寒，而建安绵好，以此奉尊上下耳。"原平乃拜而受之。每出市卖物，人问几钱，裁言其半，如此积时，邑人皆共识悉，辄加本价与之。彼此相让，欲买者稍稍减价，要使微贱，然后取直。居宅下湿，绕宅为沟，以通淤水。宅上种少竹，春月夜有盗其笋者，原平偶起见之，盗者奔走坠沟。原平自以不能广施，至使此人颠沛，乃于所植竹处沟上立小桥，令足通行，又采笋置篱外。邻曲惭愧，无复取者。又以种瓜为业。世祖大明七年大旱，瓜渎不复通船，县官刘僧秀愍其穷老，下渎水与之。原平曰："普天大旱，百姓俱困，岂可减溉田之水，以通运瓜之船。"乃步从他道往钱唐货卖。每行来，见人牵埭未过，辄迅楫助之；已自引船，不假旁力。若自船已渡，后人未及，常停住须待，以此为常。太守王僧郎察孝廉，不就。太守蔡兴宗临郡，深加贵异，以私米馈原平及山阴朱百年妻，原平固让频烦，誓死不受。人或问曰："府君嘉君淳行，愍君贫老，故加此赡，岂宜必辞。"原平曰："府君若以吾义行邪，则无一介之善，不可滥荷此赐。若以其贫老邪，菴齿甚多，屡空比室，非吾一人而已。"终不肯纳。百年妻亦辞不受。

（节选自《宋书·郭原平传》）

1. 对下列句子中加点的词的解释，不正确的一项是

　　A. 禀至行，养亲必己力　　　　　禀：赐与

　　B. 性闲木功，佣赁以给供养　　　闲：熟习

　　C. 日暮作毕，受直归家　　　　　直：报酬

　　D. 于里中买余，然后举爨　　　　爨：做饭

2. 以下各组句子中，分别表示郭原平孝敬父母和仗义助人的一组是

　　A. 唯餐盐饭而已　　　　　　　　B. 父抱笃疾弥年

　　　　后人未及，常停住须待　　　　　要使微贱，然后取直

　　C. 于母前，示有所啖　　　　　　D. 原平乃拜而受之

　　　　岂可减溉田之水　　　　　　　　已自引船，不假旁力

3.下列对原文有关内容的分析和概括,不正确的一项是

    A. 郭原平品德高尚,竭尽全力赡养双亲。他外出做工,赚钱养家,家中断炊,从不独自饱食。照顾病父,积年累月始终不懈;父亲去世后,他三十多年不吃鱼肉。

    B. 郭原平为人宽厚,常常顾及他人感受。出市卖物,只收半价,以致买者加价付钱。他家种竹,有人偷笋,他掘出竹笋放在篱外,盗者感到惭愧,不再偷盗。

    C. 郭原平以种瓜为业,曾遇大旱,运瓜的沟渠不能通船。县官刘僧秀要引农田中水注入瓜渠让他运瓜,他不肯接受。运瓜时他见有人遇到困难,却能迅速相助。

    D. 太守王僧朗举察郭原平为孝廉,他不愿接受。太守蔡兴宗私人送米给他,他坚决推辞;有人劝他别拒绝,原平谦虚地说,自己没有一点善行,不当受到赏赐。

4. 把文中画横线的句子翻译成现代汉语。

    ① 自以不能广施,至使此人颠沛,乃于此植竹处沟上立小桥,令足通行。

    ② 若以其贫老邪,耋齿甚多,屡空比室,非吾一人而已。

中庸（选四章）

（一）

天命之谓性

天命之谓性①，率性之谓道②，修道之谓教③。

道也者，不可须臾④离也；可离，非道也。是故君子戒慎乎其所不睹⑤，恐惧乎其所不闻⑥。莫见乎隐，莫显乎微⑦，故君子慎其独⑧也。

喜怒哀乐之未发，谓之中⑨；发而皆中节，谓之和⑩。中也者，天下之大本⑪也；和也者，天下之达道⑫也。致中和⑬，天地位⑭焉，万物育⑮焉。 ——第一章

🌸 章旨

说明道的本源出于天而不可变易，道本备于己而不可分离；以及存养省察的要点、致中和的最高境界。

此章为《中庸》的纲领，综论天人之道，而以人之反求诸己，充实本然之善，以达中和的境界为最重要。

注释

①**天命之谓性**：上天所赋予，自然而有的，叫做"性"。此句言人的本性乃天所赋予，为自然之理。命，令，指赋予。性，指人的本性。

②**率性之谓道**：遵循着本性（自然之理），叫做"道"。率，遵循。道，路，指应事接物的道理及原则。

③**修道之谓教**：修明各种规范的措施，叫做"教"。修，修治。教，教化，指礼、乐、法律、政令等措施。

④**须臾**：片刻。

⑤**戒慎乎其所不睹**：在眼睛看不到的地方警戒谨慎。乎，于。

⑥**恐惧乎其所不闻**：在耳朵听不到的地方惶恐畏惧。以上两句谓君子之心常存敬畏，时时反省体察，不仅在外表的行为上严格要求，而且于内在的意念上下工夫。

⑦**莫见乎隐，莫显乎微**：没有比在暗处更容易显现，没有比细微的事物更容易显露。此二句是指人在本心自觉之下，从内心意念去体察，表面上虽"隐"、"微"，其实最为"见"、"显"。见，通"现"，音xiàn。隐，暗处。

⑧**慎其独**：在独处时保持戒慎。意指人在独处时，所作所为，他人虽不知，但自己的本心则能自觉而知之甚明。

⑨**喜怒哀乐之未发，谓之中**：喜、怒、哀、乐四种情绪，当它尚未发动时，内心平衡而不偏不倚，这叫做"中"。发，发动、显现。中，不偏不倚。

⑩**发而皆中节，谓之和**：发动之后，能够合于节度，无过与不及，这叫做"和"。中，音zhòng，合。和，指情绪平正，没有乖戾之气。

⑪**大本**：最高的根源，即天命之性。天下之理皆由此出，为道的本体，所以说是"大本"。

⑫**达道**：共同之道、普遍的原则，即率性之道。此道为天下古今的人所共同遵循，所以说是"达道"。

⑬**致中和**：达成"中"、"和"的境界。致，推极、达成。

⑭**位**：安居正位。

⑮**育**：顺遂生长。

解读

本章为《中庸》之首章，也是全书义理的总纲。

首先说明道的本源出于天命且不可更易，而其实体又是我们人自身所具备而不可分离的。"天命之谓性"，指出人性不是来自后天的人为，而是上天所赋予的。这个天是义理之天，它是万事万物的根源；这个性指的是与其它生物不同而人类所独有的德性。"率性之谓道"，指出道是一切存在物所依循而活动的法则，万事万物的存在与活动，都是道的显现。人能循性而行，便是仁义礼智的表现，而人类的道德理想，也依此而建立。"修道之谓教"，提出教化的作用，因为人有私欲之作祟，有气质的偏蔽，所以必须有礼乐刑政等制

度来修治，以实现其本性之善。

　　道是无所不在的，不过道体虽具备于我们的天性之内，但人有情绪，有欲望，往往使人泯灭了天性良知，丧失了灵明自觉，因此君子要时刻作涵养的工夫。在看不到、听不到的地方要戒慎恐惧，在隐微之处要检点省察，这就是儒家所强调的修养工夫——慎独。

　　最后说明"致中和"所达到的最高境界。所谓中，是天理的本然，不偏不倚，一切事物都呈现稳定平衡的状态。就人而言，此时尚未与外物相接触，没有喜怒哀乐的情绪活动，也没有物欲的蒙蔽。它是万物的根源，一切道理皆由此出，所以说它是"天下之大本"。所谓和，是天地万物的协调一致。就人来说，就是与外物相接触时，喜怒哀乐的情绪发动，都能合乎节度，无过与不及。它是天下古今之人所共同遵循的法则，所以说它是"天下之达道"。天地的运行，万物的化育，无不循着这"中和"的原则。所以人如能把中和之道，推而极之，则可与天道同功。这是儒家天人合一的哲学。

相关名言

　　◎声无小而不闻，行无隐而不行。

——《荀子·劝学》

　　◎凡行为共有三种倾向：其中两种是过恶，即过度与不及；另一种是德性，即遵守中道。

——【古希腊】亚里士多德

（二）

道不远人

子曰："道不远人，人之为道而远人，不可以为道①。《诗》云：'伐柯伐柯，其则不远②。'执柯以伐柯③，睨④而视之，犹以为远。故君子以人治人，改而止⑤。

"忠恕违道不远⑥，施诸己而不愿，亦勿施于人。

"君子之道四，丘未能一焉⑦：所求乎子，以事父⑧，未能也；所求乎臣，以事君，未能也；所求乎弟，以事兄，未能也；所求乎朋友，先施之⑨，未能也。庸德之行⑩，庸言之谨⑪；有所不足，不敢不勉⑫；有余不敢尽⑬。言顾行，行顾言⑭，君子胡不慥慥尔⑮！"

—— 第十三章

章旨

孔子说明中庸之道就在日常生活当中，不可远离人事，而忠恕就是其具体实现。

注释

①**人之为道而远人，不可以为道**：指人所行之道如果远离人事，那便不是真正的道了。

②**"《诗》云"二句**：《诗经》上说："拿斧头砍伐树木做斧柄，样式就在手执的斧柄上，相去并不远。"此为《豳风·伐柯》之句。柯，斧柄。则，法则、样式。

③**执柯以伐柯**：拿着旧斧柄去砍取新斧柄。

④**睨**：音nì，斜视。

⑤**君子以人治人，改而止**：君子（只是）拿一般人能知能行的本有道理做法则，去教导人，使他改正便可。前一"人"字，是指人的本性、人所应循的道理。止，停止。

⑥**忠恕违道不远**：能做到忠恕便与中庸之道相离不远了。忠，尽己之心。恕，推己及人。违，去、离。

⑦**未能一焉**：一件也不能办到。焉，语末助词。

⑧**所求乎子，以事父**：以责求于儿子的事父态度，来侍奉自己的父亲。求，责。乎，于。

⑨**所求乎朋友，先施之**：责求于朋友怎样对待自己，自己便先怎样对待朋友。

⑩**庸德之行**：虽平常的道德，仍应努力实践。庸，平常。行，实践。

⑪**庸言之谨**：虽平常的言论，仍应谨慎讲说。

⑫**有所不足，不敢不勉**：在行为方面，觉得有欠缺，不敢不尽力。此就庸德之行而言，有勉行之意。

⑬**有余不敢尽**：言论方面，有多余的话，不敢完全说出。此就庸言之谨而言，有慎言之意。

⑭**言顾行，行顾言**：所言符合所行，所行符合所言。顾，照应。

⑮**君子胡不慥慥尔**：有德的人（言行如此），有什么不笃实的呢？胡，何、什么。慥慥尔，笃实的样子。

解读

本章旨在强调道在日常生活之中，是无所不在的，而忠恕就是中庸之道的具体实现。文分三段：

首段总说"道不远人"，并引《诗经》为喻，又兼言治人的要领。"率性之谓道"，循性而行便是道，而性是人所固有的，所以说道不能离开人而有。如果有人以为日常生活之道不重要，而务于高远，脱离人伦本分，那就不是正道了。就像拿旧斧柄砍伐木头，想要制作新斧柄，样式就在手中所持的旧斧柄中，不正眼衡量，而斜着看它，就会以为样式还远。所以，道是不假外求的。至于说到治理人民，只要依着人性去引导他们，使其觉悟，能知改正即可。

次段论如何才可以做到不远人以为道的方法。忠就是尽己之心，是公诚负责，不计成败、尽其在我的道德实践；恕就是推己之心，是将心比心，为别人设身处地去考虑。当一个人能尽己之心，又能推己及人的时候，自然就不会把自己所不愿意的事情，加在别人的身上了，在积极意义上还会"己欲立而立人，己欲达而达人"呢！

第三段是孔子谦虚自责和自我勉励的话。首先他反省自己：就子事父、臣事君、弟事兄、朋友交往四件事，所期望他人要做到的，自己没有一件先行做到。其实这四样君子之道，都是日常的伦理，做人的基本要件。这种人伦道德的责任，是永无止境的，只能尽心力而为，很难做到完满无缺，因此孔子说自己一点也未尽到，是谦虚，却也是内心真正的感受。最后孔子勉励自己：虽然是平常的道德也要努力，虽然是平时的言语也要谨慎，君子不论何时何事，没有不笃实的。意谓日常生活之中，待人处事，无非是道，只要笃笃实实地努力去做就可以了。

相关名言

◎道恶乎往而不存。

——《庄子·齐物论》

◎尽日寻春不见春，芒鞋踏遍岭头云；归来笑捻梅花嗅，春在枝头已十分。

——【唐】无尽藏

◎沩山灵佑禅师有一次闲坐着，弟子仰山慧寂来问："师父，您百年后，如果有人问我关于您的道法，我要怎么说呢？"沩山说："一粥一饭。"

——林清玄

哀公问政（节选）

哀公①问政。子曰："文、武之政，布在方策②。其人存，则其政举；其人亡，则其政息③。人道敏政，地道敏树④。夫政也者，蒲卢也⑤。故为政在人⑥，取人以身⑦，修身以道，修道以仁。仁者人也⑧，亲亲⑨为大；义者宜也⑩，尊贤为大；亲亲之杀⑪，尊贤之等⑫，礼所生也⑬。故君子不可以不修身；思修身，不可以不事亲；思事亲，不可以不知人⑭；思知人，不可以不知天⑮。"

天下之达道⑯五，所以行之者三：曰君臣也，父子也，夫妇也，昆弟⑰也，朋友之交也，五者天下之达道也。知、仁、勇三者，天下之达德⑱也。所以行之者一⑲也。或生而知之，或学而知之，或困而知之⑳，及其知之一也㉑。或安而行之㉒，或利而行之㉓，或勉强而行之㉔，及其成功一也。

子曰："好学近乎知㉕，力行近乎仁㉖，知耻近乎勇㉗。知斯三者，则知所以修身；知所以修身，则知所以治人；知所以治人，则知所以治天下国家矣。"

……

凡事豫㉘则立，不豫则废。言前定则不跲㉙，事前定则不困，行前定则不疚㉚，道前定则不穷㉛。

……

诚者，天之道也㉜；诚之者，人之道也㉝。诚者，不勉而中㉞，不思而得，从容中道㉟，圣人也。诚之者，择善㊱而固执㊲之者也。博学之㊳，审问之㊴，慎思之㊵，明辨之㊶，笃行之㊷。有弗学，学之弗能，弗措也㊸；有弗问，问之弗知，弗措也；有弗思，思之弗得，弗措也；有弗辨，辨之弗明，弗措也；有弗行，行之弗笃，弗措也。人一能之，己百之；人十能之，己千之。果能此道㊹矣，虽愚必明，虽柔必强。　　——第二十章

章旨

　　孔子告诉哀公为政之道在于得人，得人之本在于修身，修身之要在于履行五达道、三达德；并以好学、力行、知耻勉人努力；且申说修身与治平的关系；而以"诚"为其枢纽。

注释

①**哀公**：春秋时鲁国国君，姓姬，名蒋，哀为谥号。

②**布在方策**：散记在各种典籍上。方，木板；策，竹简。纸未发明之前，以木板或竹简为册籍。

③**息**：通"熄"，灭。

④**人道敏政，地道敏树**：做人君的原则就是要赶快修明政治，就如同利用土地之道要赶快从事种植。人道，指做人君所应遵循的道理、原则。敏，快速。地道，指土地利用的原则。树，种植。

⑤**夫政也者，蒲卢也**：贤人施政就像种植蒲苇一样，容易滋长而见效。蒲卢，蒲苇，一种水边极容易滋长的植物。

⑥**为政在人**：为政之道，在于得贤人。人，在此指贤臣。

⑦**取人以身**：取人之道，在于人君能修身。身，指君王自身。

⑧**仁者，人也**：仁是做人的法则。者，表示停顿的语气助词。

⑨**亲亲**：亲爱自己的亲人。

⑩**义者，宜也**：义是合宜妥适的行为。

⑪**亲亲之杀**：亲爱亲人有亲疏的等差，即先由最亲，推之于次亲，再推之于远亲。杀，音shā，等差。

⑫**尊贤之等**：尊敬的贤人，也因其才德的高低而有官等和级别。

⑬**礼所生也**：礼节制度因此而产生。如亲亲方面，有丧葬、祭祀等制定；尊贤方面，有爵位、俸禄等规定。

⑭**知人**：指了解人的本性。

⑮**知天**：指了解天理。因人性乃天所赋予，天为理的根源。

⑯**达道**：天下古今所共由之路，即人人立遵循的法则。

⑰**昆弟**：兄弟。昆，兄。

⑱**达德**：天下古今所同得之理，即人人应有的德行。

⑲**一**：指"诚"而言。

⑳**困而知之**：受过困难的磨练而后知晓正道。

㉑**及其知之一也**：到了领悟知晓道理时，其悟境是一样的。一，一样、相同。

㉒**安而行之**：安然自在，毫不勉强地去做。

㉓**利而行之**：为了有利才去做。

㉔**勉强而行之**：指受迫于某些因素很努力去做。勉强，尽力而为。

㉕**好学近乎知**：好学虽不是智，但能好学以求知，即足以破愚，所以说："近乎智。"知，通"智"。

㉖**力行近乎仁**：力行虽不是仁，但能力行以求仁，即足以忘私，所以说："近乎仁。"

㉗**知耻近乎勇**：知耻虽不是勇，但能知耻以有为，即足以去懦，所以说："近乎勇。"

㉘**豫**：通"预"，事先准备。

㉙**跲**：音jiá，踬、跌倒。指词穷理屈，站不稳，说不通。

㉚**疚**：音jiù，惭愧悔恨。

㉛**道前定则不穷**：做人之道须预先定妥，就不会行不通。穷，穷困，指不通。

㉜**诚者，天之道也**：真实无妄是天理的本然。天道运行，真实无妄，至公无私，故，诚乃天理的本然。

㉝**诚之者，人之道也**：做到诚是人事的当然。诚之，即实践诚道。诚，当动词用。

㉞**不勉而中**：不须勉强而行，自然契合天道。中，音zhòng，合。

㉟**从容中道**：一举一动，安然自在，都合于道。此即上文所言——生而知之、安而行之者。从容，安舒、自在。

㊱**择善**：选择善道。此即上文所言——学而知之、困而知之者。

㊲**固执**：坚守不懈。此即上文所言——利而行之、勉强而行之者。

㊳**博学之**：广博地学习。

㊴**审问之**：详细地请问。

㊵**慎思之**：谨慎地思考。

㊶**明辨之**：明晰地分辨。

㊷**笃行之**：切实地履行。

㊸**有弗学，学之弗能，弗措也**：除非不去学习，（如果）学习的话，不能学会（是）不停止的。有，语助词，在此有"要么"、"除非"之意。弗，不。措，置、放弃。

㊹**果能此道矣**：如果能按这个方法去做。果，若、如果。此道，指上句"人一己百，人十己千"的方法。

解读

本章为《中庸》中最长的一章，所涉及的范围也最广泛。由鲁哀公问政而言人治、言修身，由修身而言知人、知天。又说修身的要点在三达德、五达道；并以好学、力行、知耻勉人努力；且申说修身与治平的关系；最后则归本于诚，以诚为一切活动的枢纽。兹将其重要观点简述于后：

一、"为政在人，取人以身，修身以道，修道以仁"，为本章之重心，以下所有的阐发皆据此而推行。这种圣君贤相的人治思想，充分显现儒家的基本政治观点：个人的道德修养是建构理想政治、社会的基础；完全符合儒家"内圣而外王"的思想模式。

二、"天下之达道五"就是君臣、父子、夫妇、昆弟、朋友五种伦理关系，而实行和发扬这五伦道德的规范，则靠智、仁、勇三达德。"好学近乎智、力行近乎仁、知耻近乎勇"，能求知则足以破愚，能求仁则足以忘私，能知耻则足以去懦，故智、仁、勇的修养，要从好学、力行、知耻做起。

三、知行合一是道德实践的首要原则，然而由于人的天赋、才性有别，所以在领悟和实践上也有差异。知有"生而知之"、"学而知之"、"困而知之"；行有"安而行之"、"利而行之"、"勉强而行之"，而其最后的悟境和实践的成功都是一样的。

四、"凡事豫则立，不豫则废"，例如说话、做事、举动都要事先准备，才不会有失误、困难、后悔的结果。这是修身之道，而修身是王者为治国平天下作准备。

五、由修身而齐家、治国、平天下，一切都以诚为原动力。诚，就是真实无妄。天道的运行，真实无妄，至公无私；人受天命之性以生，自不能违背天道，所以诚既是天道，也是人道。"生而知之"、"安而行之"是属于圣人层次的人，故不用勉强，不靠思索，自然而然就能与天道契合。"学而知之"、"困而知之"、"利而行之"、"勉强而行之"的人，就应该择善而固执，努力使自己达到诚的地步。

六、择善固执的工夫，在于博学、审问、慎思、明辨与笃行。如有"人一能之，己百之；人十能之，己千之"的精神，即使愚笨的人也会变成聪明，柔弱的人也会变成刚强。

192

相关名言

◎人无远虑，必有近忧。

——《论语·卫灵公》

◎万物皆备于我矣。反身而诚，乐莫大焉。

——《孟子·尽心上》

（四）

诚者自成

诚者，自成①也；而道，自道②也。诚者，物之终始③；不诚，无物④。是故君子诚之为贵。诚者，非自成己而已也，所以成物也⑤。成己，仁也；成物，知⑥也；性之德也⑦，合外内之道也⑧，故时措之宜也⑨。

—— 第二十五章

章旨

说明诚与人的关系，并推扩能诚则可成己、成物。而此仁、智的显现，乃天性之德，随时施行都是合宜的。

上三章言诚为贯通天人之道，苟能行之，则可以成己、成物。

注释

①**自成**：自己完成自己、成就自己。

②**自道**：自己引导自己走向当行的道路。道，通"导"。

③**诚者，物之终始**：指诚是自然的道理，万事万物的发生与结束，皆依此道理、原则。

④**不诚，无物**：如果不诚，则一切事物的存在都没有意义。

⑤**非自成己而已也，所以成物也**：不只是成就自己，且以此成就一切事物。所以，用来。

⑥**知**：通"智"。

⑦**性之德也**：指仁与智都是人性本来具有的德性。

⑧**合外内之道也**：合成物、成己为一的法则。外，指成物。内，指成己。

⑨**故时措之宜也**：所以随时施行都是合宜的。措，音cuò，施行。

解读

诚是真实无妄的意思，是道德修养的极致境界。在先秦诸子中，《孟子》、《荀子》、《庄子》的书里，都讨论到"诚"，但却没有把它当成主要的学说。一直到《中庸》的出现，才将它发挥到形而上学的层次，以诚既是由下而上的天人合一之道，又是由内而外的内圣外王之道。

首二句说明诚是完成自己人格的要件，道是引导自己走向当行的道路。旨在强调诚道的自主性和自发性。诚即是天道，也是人的本性，其本身就具有一种自律、自动的力量，像

仁义礼智四端，像良知良能，都具备在我的本性之内，所以只要达到诚的境界，则一切的善与价值，都会自然呈现。

次二句"诚者，物之终始；不诚，无物"，说明一切事物的存在皆依赖于诚。这里所说的物，是指宇宙间的事事物物。"无物"不是指没有东西，而是指"没有存在的真实意义"。所以当吾人不诚时，即失去一切存在的意义。如孝亲敬长的行为，必有孝敬之心，孝敬的行为才是真实可贵的；若心中不诚，则无孝敬之心，即使有看似孝敬的行为，也是作伪而已。因此一切道德的行为，是不能不诚的。

最后说明：诚不仅是成己——成就自己的人格而已，更当以之成物——成就外在的人、事、物，使其能够和谐发展，使人与万物都能够各得其所，各遂其生。这包括了《论语》说的"己立立人，己达达人"，《大学》说的"明明德"而"亲（新）民"，《中庸》所谓的"天地位焉，万物育焉"。成己是从道德实践中完成自己，是仁心的呈现；成物是仁民而爱物，是睿智的表现。仁与智，都是天性中所本有的，所以说是"性之德也"。既成己、成物，则天地万物与我是同体的存在，成己就在成物之中，没有内外的分别，所以说"合外内之道也"。成己就是尽己之性，成物就是尽人之性与尽物之性，故能有成己成物之德，则一切措施，都能合宜。

相关名言

◎真者精诚之至也。不精不诚，不能动人。

——《庄子·渔父》

◎一个谎言，一定要用另外千百个谎言加以弥补，否则会漏洞百出。

——【美国】爱默生

◎虚伪和欺诈是罪恶的温床——它孳生了谎言、巧佞、谄媚和污秽。

——【美国】爱迪生

问题与讨论

一、 试说明《中庸》之由来及其书命名的涵义。

二、 试解释"天命之谓性，率性之谓道，修道之谓教"的要义。

三、 为什么孔子说"道不远人"？而这"道"的内涵是什么？要如何去实践呢？

四、 试从《大学》经一章（即《大学之道》章）、传九章（即《释齐家治国》章）与《中庸·哀公问政》章，简述儒家的政治哲学。

五、 请说明"择善而固执"的方法与成效。

六、 请说明"诚"的意义与作用。

下笔不觉师造化

黄宾虹一生绘画艺术的大进展，多发生在他隐居的时期。这并不是纯粹的巧合，无需应酬杂务的宁静生活可以让他深思内省，促使画作和自然风景、隐居生活进一步契合。池阳湖画风之变是一次突变，源自他对江湖水光天色的写生，也来自他蓄积已久的思考，还来自苦涩现实对他心灵的影响。其弟子王伯敏多年后还难忘他老师的教诲："读书的人，要甘于寂寞。寂寞能安定，定则心静，静则心清，清则心明，明则明白一切事理。作画，墨是黑的，只要眼明心清，便能悟出知白守黑的道理，画便猛进。"

1929年的一件盛事是教育部在上海举办的第一届全国美术展览，南北国画家都参加。此时在上海美专任教的黄宾虹参加了展出工作，并发表了评介文章《美展国画谈》。文章提倡士大夫的逸品画格，以为不必求悦于人，人不知而不愠，才是真画者；还以为当时沪上流行的一种是细谨、工于涂泽的媚人习气，另一种是自矜才气、沦于放诞的欺人画风，以浮滑为潇洒、以轻软为秀润，真画者反不合时宜。他希望画者能坚持避俗趋雅的操守，力求华滋浑厚的画风，不要因一时俗世弃取而改变。

黄宾虹一向以为书画同源，所以称作画为"写画"。他以为上古时代书画不分，如伏羲画八卦，仓颉造字的一种主要方式就是象形，中国最早的文字中已有横线、纵线、弧线等线条形式；汉以后虽分书画，但仍是道归于一，三代以上笔法可从甲骨、古玉、铜器中求之。他在1929年编辑的《滨虹草堂古印谱》里曾谈到古印上的籀篆文字：点画的肥瘦方圆奇正各不同，有助于绘画笔法；而结构的疏密、参差离合、抑扬顿挫、回环往复，更可见章法布置之妙。所以，他作画时要置备金石拓本在案头。他由古玺印这种上古金石实物、临近原始的艺术形式中悟出笔法要旨，认识到书法、文字、金石、绘画都是同一来源，即来源于自然山水，从而找到回归造化之路。

黄宾虹常提到古代书法家从观察自然中有所领悟，如在雨后看车行泥沼，车轮在泥中转动犹如笔被纸墨所滞动仍圆转，不疾不徐、不粘不脱，由此笔法大进。他也常以自然山水之理来诠释自己的笔法，如"平"就是如风吹水动、一波三折；"圆"如行云流水、宛转自如，而石有棱角、树有桠杈，则是圆中有方；"变"则如石

197

有阴阳向背、树有交互参差、山有起伏显晦、水有缓急动静。1922年他在给友人陈柱尊的信里说到，自己是以山水作字，而以字来作画。可见，他已将山水自然之理、《说文》六书之法、书法、画法相互打通。

　　现代画家以画为道抑或以画为艺，这种人生态度和价值取向上的对比，在黄宾虹和张大千身上表现得最为明显。张大千一生充满传奇色彩，黄宾虹一生平静淡泊。张大千1925年在上海举办第一次个人画展，26岁就扬名南北，后又去北平办画展，被称为"南张北溥"，可谓名满天下；而黄宾虹虽较早就有"南黄北齐"之称，但他直至1943年才在上海举办第一次个人画展，这时他已经80岁了。

　　黄宾虹自来沪上就以鉴赏、鉴别真伪著称；而张大千仿作的石涛画，甚至瞒过了当时的大行家罗振玉、黄宾虹及其老师曾熙，可谓出神入化。还有对画与钱的关系，黄宾虹一生力避卖画，多以画赠友人知己。虽有润笔，与他的名气相比也很低，他一直严守传统士大夫不言阿堵的精神，过着清寂的学人生活；而张大千却有着对金钱的开通看法和潇洒追求，有过极高的润格，也卖商品画，出手阔绰。不同的人生态度最终体现在他们的画中，黄宾虹的画是典型的恪守传统的雅正的士夫画，张大千的画则有趋向民间、时尚的意趣。两人都是一代宗师，只是在境界上和被认可的领域不同而已。

（摘编自吴晶《画之大者——黄宾虹传》）

一、【2010年"华约"自主招生题】

阅读下列文言文,根据要求完成问题

①子曰:"恭而无礼则劳,慎而无礼则葸,勇而无礼则乱,直而无礼则绞。君子笃于亲,则民兴于仁,故旧不遗,则民不偷。"

②彭城王有快牛,至爱惜之。王太尉与射,赌得之。彭城王曰:"君欲自乘,则不论;若欲啖者,当以二十肥者代之。既不废啖,又存所爱。"王遂杀啖。

③方羲之之不可强以仕而尝极东方出沧海以娱其意于山水之间岂有徜徉肆恣而又尝自休于此邪羲之之书晚乃善则其所能盖亦以精力自致者非天成也然后世未有能及者岂其学不如彼邪则学固岂可以少哉况欲深造道德者邪

　　(1)将上述①②两个文段中划线的句子翻译成现代汉语。

　　(2)请根据你的理解为文段③断句。

二、【2003年高考语文北京卷】

阅读下面一段文言文,完成1—6小题

　　邴原十一岁而丧父,家贫,早孤。邻有书舍,原过其旁而泣。师问曰:"童子何悲?"原曰:"孤者易伤,贫者易感。夫书者,必皆具有父兄者,一则美其不孤,二则美其得学,心中恻然而为涕零也。"师亦哀原之言而为之泣,曰:"欲书可耳!"答曰:"无钱资。"师曰:"童子苟有志,我徒相教,不求资也。"于是遂就书。一冬之间,诵《孝经》、《论语》。自在童龀之中,嶷然有异。及长,金玉其行。欲远游学,诣安丘孙崧。崧辞曰:"君乡里郑君,君知之乎?"原答曰:"然。"崧曰:"郑君学览古今,博闻强识,钩深致远,诚学者之师模也。君乃舍之,蹑屣千里,所谓以郑为东家丘者也。君似不知而曰然者,何?"原曰:"先生之说,诚可谓苦药良针矣,然犹未达仆之微趣也。人各有志,所规不同。故乃有登山而采玉者,有入海而采珠者,岂可谓登山者不知海之深,入海者不知山之高哉?君谓仆以郑为东家丘,君以仆为西家愚夫邪?"崧辞谢焉。又曰:"兖、豫之士,君多所识,未有若君者;当以书相分。"原重其意,难辞之,持书而别。原心以为求师启学,志高者通,非若交游待分而成也。书何为哉?乃藏书于家而行。

　　(《三国志》卷十一注)

1. 对下列句子中加点的词语的解释，正确的一项是

    A. 师亦哀原之言而为之泣。   哀：悲伤

    B. 崧辞曰。   辞：推托

    C. 郑君学览古今，博闻强识。   识：见识

    D. 君乃舍之   乃：就

2. 下列句子中加点的部分与现代汉语的意义完全不同的一项是

    A. 夫书者，必皆具有父兄者。

    B. 心中恻然而为涕零也。

    C. 君乡里郑君，君知之乎？

    D. 非若交游待分而成也。

3. 下列各组句子中，加点的词的意义和用法相同的一组是

    A. 原过其旁而泣   子路拱而立。

    B. 一则美其不孤   秦贪，负其强

    C. 岂可谓登山者不知海之深，入海者不知山之高哉   盖叹郦元之简而笑李渤之陋也。

    D. 当以书相分   斧斤以时入山林。

4. 下列各句括号中是补出的省略成分，正确的一项是

    A. （师）于是遂就书

    B. （师）金玉其行

    C. 君似不知（郑君）而曰然者

    D. （原）又曰："兖、豫之士，吾多所识，未有若君者；当以书相分。"

5. 下列对原文的叙述和分析，正确的一项是

    A. 邴原童年丧父，家境贫寒，因而时常感伤哭泣。

    B. 邴原舍郑君而求学于孙崧，是因为孙崧的学问更大。

    C. 邴原认为孙崧如"登山者不知海之深"一样误解了自己。

    D. 邴原把书信藏在家里不读，是因为他对求学有更深的认识。

6. 把下面的句子翻译成现代汉语。

    先生之说，诚可谓苦药良针矣，然犹未达仆之微趣也。人各有志，所规不同。

三、【2007年高考语文广东卷】

阅读下面的论述文,完成1—4题

在传统哲学思想中,儒家与道家所提倡的天道与人道的合一都是一种单向度的合一。

儒家关注的焦点是社会人伦道德问题,重视研究人与社会的关系和人与人的关系,从整体上说忽视人与自然的关系。道家关注的焦点是自然的法则,重视研究人与自然的关系。道家主要把人作为一种自然的存在,并从否定现实社会文化道德的角度来否定人作为社会存在的属性。

实际上,人的存在具有多质性。最基本地来说,人既是自然的存在又是社会的存在,同时又是一种自由的存在。在对待社会的关系上,人既有认同的需要,也有独立个性张扬以及独立价值判断的需要;在对自然的关系上,人既有与自然相融而和睦相处的需要,又有改造自然的需要。这些方面都是对立统一的。所以,人与社会、与自然的关系应该是双向度的或多向度的而不应是单向度的。人作为自由的存在,其自主性的选择和活动是最本质的东西。人之所以为人,就在于通过自身的选择和活动去创造合乎目的的生活。从这个意义上说,人类任何既定的文化和文明的成果,都只是人的创造物,是人本质的表现。乃至于自然万物都深深地印上了人类选择与活动的印迹。所以,儒家用道德性来否定人的自然本性,道家用自然本性来否定人的社会属性,都是对于人的丰富本质和自由本性的片面化乃至否定。

因而,教育现代化的过程中,我们既要扬弃儒家的模式,又要扬弃道家的模式。在重视人与自然属性与社会属性统一的同时,以尊重和发挥人的自由本性为出发点,重新定位现代教育的价值。一是要确立人的主体地位。把人作为适应性、选择性与创造性的统一体,立足于建立人与自然、人与社会之间双向度的关系。二是建构认同和帮助个体自主选择的教育环境。承认受教育者选择的能力和权利,重视个体自觉的道德实践与价值判断,把外在个体的社会伦理规范定位在指导性功能上,通过受教育者自主的选择和教育者的指导性影响来实现社会规范向个人规范的转化。

(选自《传统教育哲学问题新释》,有删节)

1. 下列对"多质性"一词含义的理解,符合文意的一项是

　　A. 人的存在是具有多种存在的本质和属性。

　　B. 社会对人有多种认同和选择需要。

　　C. 自然与人的关系既有对立又有统一。

　　D. 自主选择是人存在的最本质的特征。

2. 从原文看，对人的"自由本性"理解错误的一项是

    A. 人具有自主性的选择和活动，并创造自己的生活。

    B. 任何已有的文化和文明的一切成果，都是人类的创造物。

    C. 自然万物都深深地印上了人类选择与活动的印迹。

    D. 人作为一种自然的存在，需要与自然自由和睦相处。

3. 根据文意，对儒道"天人合一"的理解和推断，不正确的一项是

    A. 儒家主张"天人合一"，关注的是人对社会关系的单向度的认同，把人道德化。

    B. 道家主张"天人合一"，强调的是人对自然关系的单向度的复归，把人自然化。

    C. "天人合一"本质上都是把人与外部世界的关系片面化，忽视了人的主体性和自主选择。

    D. 儒道两家都倡导人对伦理与自然的单向度认同和复归，不过儒家更注重人的自由存在。

4. 下列说法，不符合文意的一项是

    A. 本文指出儒道哲学的弊端，论述人的丰富本质和自由本性，从而提出现代教育价值的主张。

    B. 文中以人的存在多质性和现代教育为例，辩证分析了我国传统教育无视人的主体地位的弊病。

    C. 现代教育要扬弃儒道模式，以尊重和发挥人的自由本性为出发点，重视人的自然属性与社会属性的统一。

    D. 现代教育的价值既要确定人的主体地位，又要构建认同和帮助个性自主选择的教育环境。

《梁惠王上》

1. **不远千里**：不以千里为远。

2. **上下交征利**：从天子到庶人，全国上下互相争夺私利。

3. **弃甲曳兵**：形容战败逃窜的狼狈状。

4. **五十步笑百步**：比喻自己与别人有同样的缺点或错误，却以自己程度较轻而嘲笑别人。又用以比喻两者的缺点、错误，虽有程度差别，而实质相同。

5. **不可胜用**：不可用尽，即用不完。胜，音shēng，尽。

6. **饿莩遍野**：饿死的人到处都是。多指灾荒、暴政所造成之惨象。莩，通"殍"，音piǎo，饿死的人。

7. **率兽食人**：带着野兽残害人，比喻为政者施行暴政。

8. **始作俑者**：首创恶例之人。俑，音yǒng，殉葬用的人偶。

9. **深耕易耨**：指勤于耕耘。耨，音nòu，除草。易，治。

10. **妻离子散**：指家室不得团圆。

11. **仁者无敌**：施行仁政的人，获得大众拥戴，天下无人可以抗拒他。

12. **引领而望**：伸颈远望，形容期待之殷切。

13. **以羊易牛**：比喻以小易大。

14. **仁心仁术**：实践仁道。今多作为颂良医之词。

15. **君子远庖厨**：君子远离宰杀牲畜的厨房，意谓君子仁慈不忍。

16. **心有戚戚**：心有同感。戚戚，心动的样子。

17. **明察秋毫**：形容目光敏锐，能看清细小之物。亦作"洞察秋毫"。

18. **秋毫之末**：比喻极细小的事物。秋毫，鸟兽于秋季时身上新生的细毛。

19. **挟山超海**：比喻困难或不可能办到的事。挟，音xié，以腋持物。

20. **老吾老，以及人之老；幼吾幼，以及人之幼**：尊奉自己的父兄，以同样的事老之道，尊奉别人的父兄。慈爱自己的子弟，以同样的慈幼之心，慈爱别人的子弟。

21. **权衡轻重**：比喻分清楚主要的和次要的。

22. **缘木求鱼**：爬上树去找鱼，比喻徒劳而无功。

23. **尽力而为**：竭尽全力去做。

24. **寡不敌众**：人数少的抵挡不住人数多的。

25. **放辟邪侈**：形容任性作恶。辟，音pì，不正。

26. **仰事俯畜**：对上侍奉父母，对下养活妻子儿女。畜，同"蓄"。

《梁惠王下》

1. **疾首蹙頞**：形容痛苦、忧愁的样子。疾首，头痛。蹙頞，皱眉头。頞，音è，鼻梁。

2. **与民同乐**：国君和百姓共享安乐。

3. **入境问禁**：入他人之境内，应先问禁令，避免触犯，以示尊重境内主人。

4. **以大事小**：拿自己的大国去侍奉小国。

5. **以小事大**：以自己的小国去侍奉大国。

6. **匹夫之勇**：一人之勇、独夫之勇。

7. **衡行天下**：形容到处称强，蛮横不讲理。衡，通"横"。

8. **乐民之乐，忧民之忧**：国君爱民，将百姓的忧乐，当作自己的忧乐。

9. **乐以天下，忧以天下**：国君要与天下之人共忧乐。

10. **流连忘反**：贪恋游乐而忘归。亦作"流连忘返"。

11. **泽梁无禁**：设置鱼梁捕鱼，官府不加禁止，指为政之宽厚仁慈。

12. **罪人不孥**：罪人受刑，仅及本身，不牵及妻子。孥，音rǔ，妻儿。

13. **鳏寡孤独**：无依无靠的老弱人。老而无妻曰鳏，老而无夫曰寡，老而无子曰独，幼而无父曰孤。

14. **怨女旷夫**：旧指年长而未婚嫁的男女。

15. **顾而言他**：觉得不好答复，就看看左右的人，说别的事情。

16. **国人皆曰可杀**：指某个人罪大恶极。

17. **不胜其任**：担当不了那样的任务。

18. **箪食壶浆**：人民踊跃欢迎，并以饮食慰劳军队。

19. **水深火热**：比喻人民生活陷于极度痛苦之中。

20. **大旱望云霓**：比喻盼望极为迫切。

21. **吊民伐罪**：抚慰人民，讨伐有罪之君。

22. **见死不救**：坐视别人寻死、战死，不加救援。

23. **出尔反尔**：原指怎样对待别人，人家也会同样对待你，犹言自食其果。后指一个人反复无信，前后矛盾。

24. **创业垂统**：创立功业，传之子孙。

《公孙丑上》

1. **艴然不悦**：愤怒而不愉快。艴然，恼怒貌。艴，音fú。

2. **反手可得**：翻转手掌就可得到。比喻事情轻而易举，得之极易。反，翻转。

3. **故家遗俗**：世家大族遗留之习俗。

4. **鸡鸣狗吠**：形容田舍之风光。

5. **饥者易为食，渴者易为饮**：言饥渴之时，不待甘美，比喻处于困乏状态时，容易得到满足。

6. **解民倒悬**：比喻拯救人民于水深火热之中。倒悬，头向下脚朝上倒挂，比喻处境极端困苦危急。

7. **事半功倍**：指用力少，收效大，工作效率高。

8. **肤桡目逃**：喻人胆小无勇。肤桡，肌肤被刺而挠屈。目逃，目遇刺而转睛逃避。桡，音náo，屈。俗作"挠"。

9. **恶声必反**：他人对我有无礼的举动，我必同样反加他人。

10. **四十不动心**：四十岁时就不再恐惧疑惑了。

11. **浩然之气**：正大刚直的精神。

12. **揠苗助长**：比喻违反事物规律，强求速成。揠，音yà，拔。

13. **具体而微**：指事物内容各部大体具备，不过规模较小。

14. **出类拔萃**：指卓越出众。

15. **以力假仁**：拿仁义作幌子，其实是用武力压迫。

16. **以德行仁**：用道德推行仁政。

17. **以力服人**：拿武力去降服他人。

18. **心悦诚服**：心里喜欢，真诚信服。

19. **恶湿居下**：讨厌潮湿，却又居于低洼之地，比喻明知故犯。

20. **未雨绸缪**：趁着天还没下雨，先修缮房屋门窗，比喻事先防备。绸缪，缠结、修补。（语出《诗经·豳风·鸱鸮》，为《孟子》所引用）

21. **祸福由己**：人之祸福，皆由自己求得。

22. **自求多福**：自己去寻找、探索，得到更多的幸福。（语出《诗经·大雅·文王》，为《孟子》所引用）

23. **天作孽，犹可违；自作孽，不可活**：天灾可避，自己惹来的灾祸不可逃。（语出《尚书·太甲》，为《孟子》所引用）

24. **无敌于天下**：形容无比强大。

25. **恻隐之心**：对别人的不幸，所产生的怜悯、同情心。

26. **反求诸己**：凡事严格地要求自己，多从自身找原因。

27. **舍己从人**：抛弃己见而听从他人。（语出《尚书·大禹谟》，为《孟子》所暗用）

28. **与人为善**：帮助别人做好事。与，赞助。

29. **袒裼裸裎**：赤身露体，形容对人无礼貌。袒裼，露臂。裸裎，露身。

《公孙丑下》

1. **天时地利人和**：自然气候、地形、地物条件都很有利，人民也团结一致。

2. **得道多助，失道寡助**：符合道义者，必获支持赞助；违背道义者，必然陷于孤立。

3. **采薪之忧**：自称有病之婉辞。亦作"采薪之患"、"负薪之忧"。

4. **齿德俱尊**：即年高德劭。

5. **大有作为**：能充分发挥作用，做出显著成绩。

6. **绰绰有余**：极其宽裕。（此《孟子》化用《诗经·小雅·角子》"绰绰有裕"一词）

7. **私相授受**：私下里互相授予和接受。

8. **有所衿式**：有可以尊敬的模范。亦作"用资衿式"。

9. **龙（垄）断**：操纵市场，攘夺众人之利而独占之。龙，通"垄"。

10. **穷日之力**：用尽一天的体力。

11. **彼一时，此一时**：时间不同，不可一概而论。

12. **舍我其谁**：自视极高，自任极重。

《滕文公上》

1. **彼丈夫也，我丈夫也，吾何畏彼哉**：他是个男子汉，我也是个男子汉，我为什么要怕他呢？亦即他人能为者，我亦能之。

2. **有为者亦若是**：只要立志去做，也会像他一样。

3. **绝长补短**：本指计量国土纵广。后常用为移多补少，截所长以补其短之义。亦作"截长补短"。

4. **大故遭遭**：突然遭逢父母的丧事。

5. **驰马试剑**：喜欢跑马舞剑，即诗习武术。

6. **上有好者，下必有甚焉者矣**：上位的人有什么爱好，下面的人一定爱好得更厉害。

7. **有恒心**：具有经常向善的心志。

8. **为富不仁**：要发财致富，便不能仁爱。

9. **出入相友**：出门工作和回家休息，都互相陪伴。

10. **守望相助**：邻居互相照顾，以防盗寇。

11. **饔飧而治**：一面早晚烧饭生活，一面治理国事。

12. **劳心劳力**：知识分子劳心管理，基层分子劳力工作。

13. **三过家门不入**：禹治水奔走于外，三度经过自家门口，无暇进入。

14. **饱食暖衣**：衣食充足。

15. **父子有亲，君臣有义，夫妇有别，长幼有序，朋友有信**：父子要有亲爱的感情，君臣要有相敬的礼义，夫妻要有内外的分别，长幼要有大小的次序，朋友要有诚信的交谊。

16. **南蛮䴂舌**：指说话带着南方口音怪腔怪调。南蛮，旧时对南方人的蔑称。䴂，音jué，伯劳鸟。舌，舌头，借指口音。

17. **下乔入幽**：比喻从良好的处境进入劣境。或喻人舍弃光明，接近黑暗。

18. **五尺之童**：指尚未成年的儿童。古尺较短，故称五尺之童。

《滕文公下》

1. **枉尺直寻**：委屈一尺而能够伸直八尺。指小有所屈而大有所获。

2. **志士不忘在沟壑，勇士不忘丧其元**：有志气的人，不忘该安守穷困，而死在田沟山涧里。有勇气的人，抱必死之决心，不忘掷其大好头颅。元，头。

3. **妾妇之道**：比喻阿谀苟容，以窃取权势者。

4. **富贵不能淫，贫贱不能移，威武不能屈**：财富尊贵不能动摇其心意，贫穷微贱不能改变其节操，威势武力不能屈挠其志气。

5. **媒妁之言**：旧式婚姻，必由媒人介绍。妁，音shuò，媒。

6. **钻穴踰墙**：男女越墙相随，钻穴相窥，比喻越礼之事。

7. **通功易事**：人各有业，互通有无。

8. **梓匠轮舆**：木匠和车匠。

9. **天下无敌**：天下没有匹敌之人。

10. **我武惟扬**：谓国势之发扬。（语出《尚书·泰誓》，为《孟子》所引用）

11. **一傅众咻**：一个人教，众人喧哗捣乱，比喻环境对学习的影响深巨。又作"一齐众楚"。咻，音xiū，喧扰。

12. **胁肩谄笑**：缩敛肩膀，假装笑脸，形容阿谀谄媚。胁，缩、收敛。

13. **以待来年**：等到明年。

14. **月攘一鸡**：每月偷人家一只鸡。引伸为不合理的事，不愿速求改正。攘，音ráng，偷。

15. **世衰道微**：世运衰微，道德败坏。

16. **知我者，其惟《春秋》乎**：人们能够了解我，恐怕由于这部《春秋》吧。

17. **洪水猛兽**：比喻祸害极大的事物。

18. **乱臣贼子**：叛逆君父的人，今以泛指作乱社会的人。

19. **巨擘**：大拇指，比喻杰出的人物。擘，音bò。

20. **万锺之禄**：很高的俸禄。锺，古代量器，容六斛四斗。

《离娄上》

1. **不以规矩，不能成方员**：指任何事物皆有定则。员，同"圆"。

2. **五音六律**：泛指各种音乐声。五音也称五声，为古乐宫、商、角、征、羽五声音阶阶名。六律，为古时正乐律之器。

3. **仁心仁闻**：既有仁爱之心，又有仁爱的名誉。

4. **徒善不足以为政，徒法不能以自行**：只有善心而不行仁政，不足以治理国家，只有善法而不施行，法度亦不能独自运行。

5. **率由旧章**：一概遵照旧有的规章办理。（语出《诗经·大雅·假乐》，为《孟子》所引用）

6. **规矩准绳**：比喻一定的法度、规则、标准。亦作"规矩绳墨"。

7. **为高必因丘陵，为下必因川泽**：指顺势而为，则用力少而成功多。

8. **陈善闭邪**：向国君开陈仁政之六道，以禁闭他不正的邪心。

9. **孝子慈孙**：极能尽孝道之子孙。

10. **殷鉴不远**：殷人灭夏，殷之子孙，宜以夏之覆亡为诫。后世比喻以前事为鉴戒。（语出《诗经·大雅·荡》，为《孟子》所引用）

11. **恶醉强酒**：厌恶酒，怕醉而偏暴饮，比喻明知故犯。恶，音wù。

12. **顺天者存，逆天者亡**：依顺天理行事的才能存在，违反天理的就要灭亡。

13. **天命靡常**：天意没有一定。靡，音mǐ，无。（语出《诗经·大雅·文王》，为《孟子》所引用）

14. **濯缨濯足**：水清则洗帽带，水浊则洗脚。后比喻人的好坏都由自己决定。

15. **人必自侮，然后人侮之；家必自毁，而后人毁之；国必自伐，而后人伐之**：一个人妄自菲薄，别人才敢轻慢他；一个卿大夫的家，必先自我毁坏，别人才敢毁坏他；一个诸侯国，必先造成招惹讨伐的暴政，然后他人才敢讨伐他。

16. **为渊驱鱼，为丛驱爵**：把鱼赶到深渊中，把鸟雀赶到茂林里，比喻暴君不为善政，无异于把人民赶往敌国。爵，通"雀"，音què。

17. **渊鱼丛爵**：深池的鱼和树林里的鸟雀。

18. **三年畜艾**：罹患七年之久的病，要先储存三年的艾草，比喻事先储备。

19. **自暴自弃**：自己的言行背弃仁义道德，以致不可收拾。

20. **居仁由义**：居心在仁德，行事合义理。

21. **杀人盈野**：指杀人无数，充满原野。

22. **罪不容于死**：罪大恶极，死有余辜。

23. **善战者服上刑**：最擅长打仗的人，应该受到极刑。

24. **男女授受不亲**：古时礼教严防，男女有内外之分，有所谓食不同器、坐不连席，不可直接接触、言谈或授受对象……等。（语出《礼记·坊记》，为《孟子》所引用）

25. **易子而教**：彼此交换儿子来施教。

26. **父子之间不责善**：父子之间不以善道互相责备，以免伤亲情。

27. **口体之养**：指奉养父母的口腹。

28. **不虞之誉**：非意料所及的称誉。

29. **求全之毁**：为求得完美无缺反而受到诋毁。

30. **不孝有三，无后为大**：有三事为不孝，而不娶无子，绝先祖祀，为人子最大的不孝。（另二者，一为阿意曲从，陷亲不义，一为家贫亲老，不为禄仕。）

31. **不告而娶**：不禀告父母而娶妻。

32. **手舞足蹈**：形容喜极之情状。

33. **好为人师**：喜欢当别人的老师。

《离娄下》

1. **若合符节**：两件事物完全相司或一致。

2. **视同手足**：看得特别亲近，如自己的手、脚一样。

3. **视同心腹**：特别看重，如自己的心、腹一样。

4. **视如犬马**：不把人当人看待。

5. **视同路人**：彼此感情冷淡，对待如陌生之人。

6. **视如土芥**：把人看得如泥土、草芥一样，形容极其轻视。

7. **视如寇雠**：像仇敌一样仇恨他。雠，同"仇"，音chóu。

8. **不为已甚**：不做太过分的事情。

9. **赤子之心**：纯洁如婴儿之心。

10. **养生送死**：生时奉养，死时殡葬，指子女对父母的孝道。

11. **深造自得**：深入学问的境地，一旦融会贯通，自然领悟于心。

12. **居安资深**：居处安顺，造诣高深。

13. **左右逢原**：喻学道有得。今厓以称办事得手。原，同"源"。

14. **由博反约**：指做学问应该在广博的知识基础上，进一步走向专精。

15. **声闻过情**：声名超过实情。

16. **人之异于禽兽者几希**：人类和禽兽的分别，只是人天性里的仁义罢了，
相差实在是很微少的。

17. **立贤无方**：举用贤人并无常法，不问出身品类。

18. **视民如伤**：对百姓体恤深切，不敢动扰。

19. **夜以继日**：日夜不停。

20. **坐以待旦**：指急于求治，不卧以待天明。

21. **君子之泽**：好人一定有好的规芎遗留给子孙，即祖荫余泽。

22. **五世而斩**：圣贤之德泽，经五世而斩截。

23. **私淑**：宗仰其学而未及从学者曰私淑弟子。

24. **取不伤廉**：取用之不损于廉洁。

25. **取友必端**：选择朋友必定是品行端正的人。

26. **掩鼻而过**：形容对臭秽之物的厌恶。

27. **斋戒沐浴**：用以表示祀神的虔诚。斋戒，忌食荤辛。沐浴，洗净污垢。

28. **行所无事**：本指顺着自然的水势，使之畅行无阻而不为害。后指行事镇静，好像没有事一样。

29. **爱人者，人恒爱之；敬人者，人恒敬之**：能爱护别人、敬重别人的人，也能得到他人的爱护、敬重。

30. **终身之忧**：一生一世的忧患。

31. **一朝之患**：一旦横来的忧患。

32. **己饥己溺**：比喻关心、同情他人疾苦。

33. **易地皆然**：互换所居的地位，其行动也相同。

34. **被发缨冠**：形容救急的迫切。被，通"披"，音pī，散。缨，帽带。

35. **好勇斗狠**：喜欢逞勇，与人争斗。

36. **齐人之福**：引申为有大、小老婆。又作"齐人之乐"。

37. **富贵利达**：指享有高官厚禄。

《万章上》

1. **得其所哉**：得到适当的处所。

2. **欺以其方**：用合理的方法欺骗他人。

3. **藏怒宿怨**：怨恨未消，积蓄胸中。

4. **源源而来**：谓其来如水流之不绝。

5. **南面之尊**：即天子之位。

6. **北面称臣**：愿以臣子之礼事之。

7. **岌岌可危**：濒临危殆之境地。

8. **齐东野语**：齐国东鄙野人之语。

9. **如丧考妣**：喻思念痛切，有如父母之丧。（语出《尚书·尧典》，为《孟

子》所引用）

10. **遏密八音**：停止奏乐。遏，止。密，静。（语出《尚书·尧典》，为《孟子》所引用）

11. **天无二日**：喻国无二君。一国之内，不可同时有两个政府存在。（孟子述孔子之言）

12. **普天率土**：全天下。普天，遍天下。率土，四海之内。（语出《诗经·小雅·北山》，为《孟子》所引月）

13. **以文害辞**：拘于表面的文字，而误解辞句的意思。

14. **以辞害志**：拘于辞句的意思，而误解了作者的本意。

15. **以意逆志**：以自己的意思，去推想作者的本意。

16. **天视自我民视，天听自我民听**：天的观察，经由人民的眼睛来观察，天的听闻，经由人民的耳朵来听闻；亦即天意即民意。（语出《尚书·泰誓》，为《孟子》所引用）

17. **传贤传子**：把天子之位传给贤者，或传给子孙。

18. **自怨自艾**：改过自新，自责己非。艾，音yì，治。

19. **处仁迁义**：存心仁道，见义则迁。

20. **一介不取**：不应得之物，虽极细微，亦不取之于人。介，同"芥"，喻极细微之物。

21. **先知先觉**：觉悟于道或见事先于他人。

22. **枉己正人**：不正己身而欲正人，为不可能之事。

23. **洁身自好**：使自己身心圣洁，无污行。

24. **好事者**：喜欢造谣生事的人。

25. **假涂灭虢**：比喻引狼入室。假涂，借路。涂，通"途"。虢，音guó，国名。

《万章下》

1. **顽廉懦立**：顽贪无知的人也知廉洁而有分辨；懦弱的人也知立志向上。

2. **集大成**：汇集各家各派的长处，达到最完备的结果。

3. **金声玉振**：奏乐时用金钟的声音来发端，用玉磬的声音来收尾。

4. **附庸**：所属于大诸侯的小国。

5. **挟长挟贵**：自恃年长或地位尊贵。

6. **却之不恭**：他人有所馈赠，推辞不受，乃疑其所赠物有来路不明之嫌，故为不恭之甚。今用以表示接受馈赠。

7. **杀人越货**：杀戮人且抢夺其财物。（语出《尚书·康诰》，为《孟子》所引用）

8. **于今为烈**：过去就有，现在更为厉害。烈，厉。

9. **抱关击柝**：守城门者和敲更鼓守夜者，指位卑禄薄者。柝，音tuò，巡夜人所敲的木梆子。

10. **位卑言高**：身处下位却议论高官主管的政事。

11. **礼门义路**：礼义为人生必经之门路。

12. **勃然变色**：脸色突然改变。

《告子上》

1. **食色性也**：爱好美食和美色，是人的本性。（此为告子的话）

2. **有物有则**：凡事物都有它一定的规则。（语出《诗经·大雅·烝民》，为《孟子》所引用）

3. **牛山濯濯**：本谓山无草木，今或用以喻人秃顶无发。濯濯，光洁的样子。

4. **良心**：天所生之本性、善心。

5. **旦旦而伐之**：本指日日伐木，今引申为日日从事同一工作之意。

6. **平旦之气**：天刚亮时人所产生的清明之气。

7. **出入无时**：心之操舍，若无定时，则无定向。

8. **一暴十寒**：晒一天，冻十天，比喻作事怠惰无常，缺乏恒心。

9. **专心致志**：一心一意，聚精会神。

10. **鱼与熊掌**：比喻两样好的东西。

11. **舍生取义**：轻生重义，为正义而不惜牺牲生命。

12. **箪食豆羹**：形容极简单的食物。

13. **饮食之人**：只顾口腹之养，不知进德修业之人。

14. **赵孟所贵,赵孟能贱**: 谓一个人能使人富贵,也能使人贫贱。赵孟,即赵盾,晋之上卿。

15. **膏粱之味**: 指肥肉精米的美味。(语出《诗经·大雅·既醉》,为《孟子》所引用)

16. **杯水车薪**: 比喻力量太小,无济于事。

《告子下》

1. **寸木岑楼**: 比喻相差悬殊。岑楼,尖顶的高楼。

2. **愿闻其详**: 欲听其说出详细的情形。

3. **有诸内必形诸外**: 一个人内在有才学,一定会表现出来。

4. **歃血为盟**: 古时盟者用牲血涂在嘴边,以示守信不悔。歃血,以血涂口旁以盟誓。歃,音shà。

5. **敬老慈幼**: 敬重老人,抚爱幼小。

6. **言归于好**: 彼此和好如初。

7. **逢君之恶**: 故意迎合在上者作恶的意图。

8. **以邻为壑**: 把水患移到邻境去,比喻移祸于别人。

9. **喜而不寐**: 快乐得不能入睡。

10. **拒人于千里之外**: 形容态度倨傲,不易接近。

11. **动心忍性**: 激发心志,使之性格坚强。

12. **困心横虑**: 心意困苦,思虑阻塞。

13. **法家拂士**: 守法度之世臣及辅弼国君之贤士。拂,通"弼",音bì,辅佐。

14. **敌国外患**: 外来的侵略。

15. **生于忧患,死于安乐**: 生存是从忧患中奋斗得来,而死亡则由于安乐、怠惰所致。

16. **不屑教诲**: 因瞧不起而不愿教诲他。不屑,不以其人为洁而拒绝之,引申有瞧不起之意。

215

附录

《尽心上》

1. **习焉不察**：指对于某种事情习惯了，反而察不出其中的问题。

2. **独善其身**：独自修身养性。后多用以表示只图自身完善，不顾他人。

3. **自视歉然**：把自己的道德看得贫乏不足。歉然，空虚貌。歉，音kǎn。

4. **过化存神**：具有圣德的君子，所经之处，人人无不被感化，他的存心，更是神妙莫测。

5. **孩提之童**：提携怀抱中的幼儿。

6. **莫之能御**：无法抵抗。

7. **孤臣孽子**：不得于君的孤立的远臣，不得于亲的微贱的庶子。

8. **仰不愧于天，俯不怍于人**：心境坦然，秉心公直，而无愧疚也。

9. **得天下英才而教育之**：得到天下才华出众的人，来教导他们。

10. **广土众民**：土地广大，人民众多。

11. **睟面盎背**：形容有德者之仪态。睟然，润泽貌。睟，音suì。盎，音àng，盛貌。

12. **不言而喻**：不待解释，自然明白。

13. **盍归乎来**：为什么不归服他呢? 盍，何不。来，语气词，无义。

14. **登太山而小天下**：登上泰山感觉天下小了。比喻见解扩大。

15. **观海难为水**：比喻所见既大，则其小者不足观。

16. **孳孳不息**：勤勉不倦。孳孳，通"孜孜"。

17. **一毛不拔**：讥讽人极端吝啬。

18. **摩顶放踵**：从头顶到脚跟都磨伤。放，音fǎng，至。

19. **举一废百**：只拘执于一点而不能变通，举用一事而废了百事。后亦用为处世偏狭，因小失大之意。

20. **久假不归**：借人之物久不归还。

21. **素餐**：徒享官禄不尽职责，或徒食不作事。（语出《诗经·魏风·伐檀》，为《孟子》所引用）

22. **视如敝蹝**：比喻极为轻视。敝蹝，破鞋。蹝，同"屣"，音xǐ。

23. **豕交兽畜**：如与猪打交道，像对禽兽那样畜养，比喻不以礼待之。

24. **春风化雨**：比喻完善的教育，使人潜移默化。亦作"时雨春风"。

25. **成德达财**：养成其德性，引导其才华，使之有所成就。

26. **引而不发**：意指善于教射箭的人，拉满弓不发箭，只作跃跃欲试的姿态，以便学者观摩领会。后比喻善于引导，或作好准备，待机行事。

27. **以身殉道**：为真理和信仰而牺牲生命。

28. **无所不已**：没有一件事，是不可中止的。

29. **进锐退速**：行动过急，实力不济，失败必然更快。

30. **仁民爱物**：仁爱人民，爱惜万物。

31. **当务之急**：当前所有任务中，最紧要的任务。

32. **放饭流歠**：大吃大喝。放饭，大吃而饭粒狼借。流歠，大喝而汤水从口角流下来。歠，音chuò，饮。

《尽心上》

1. **尽信书不如无书**：泛指不要拘泥于书本。

2. **血流漂杵**：所流之血，足以浮起木杵，喻杀人众多。

3. **饭糗茹草**：吃干粮粗食，谓生活艰苦。糗，音qiǔ，干粮。

4. **民为贵，社稷次之，君为轻**：人民最重要，国家其次，君王是最轻的。社，土神。稷，谷神。社稷引申有国家之义。

5. **百世之师**：百代的师表。

6. **亲炙之者**：亲承教诲的人。

7. **忧心悄悄**：内心忧虑，满面愁容。悄悄，忧貌。（语出《诗经·邶风·柏舟》，为《孟子》所引用）

8. **茅塞顿开**：喻人心有所蔽塞，经人指引而豁然开朗。亦作"顿开茅塞"。

9. **再作冯妇**：比喻改过不彻底。冯妇，晋国人，姓冯，名妇，男性，善搏虎。后多用以指人重操旧业。

10. **大而化之**：本义为既已发扬光大，又能演化无穷。今作为遇事掉以轻心，马马虎虎。

11. **来者不拒**：对于有所求而来的人，或送上门来之物，一概不拒绝。

12. **言近指远**：语言浅近而含意深远。指，意旨。

13. **守约施博**：所守者简约，所用者广博。

14. **舍己芸人**：即"舍其田而芸人之田"，比喻不自修而务外。芸，除草。

15. **食前方丈**：馔食列于前者有一丈见方之多。喻奢侈之甚。

16. **养心莫善于寡欲**：存养心性的方法没有比减少欲望更好。

17. **不屑不洁**：不为污秽之行，即有所不为。

18. **阉然媚世**：专做遮遮掩掩一味讨好世人之事。

19. **同流合污**：言行和不良的习俗、世道相契合。后用以指和坏人一起做坏事。

20. **自以为是**：形容主观、不虚心，总以为自己是对的。

21. **似是而非**：表面相像，实际不同。指乍看对，其实不对。

《梁惠王上》 凡七章 录三章

（一）孟子见梁惠王。王曰："叟！不远千里而来，亦将有以利吾国乎？"

孟子对曰："王何必曰利？亦有仁义而已矣。王曰：'何以利吾国？'大夫曰：'何以利吾家？'士庶人曰：'何以利吾身？'上下交征利，而国危矣。万乘之国，弑其君者，必千乘之家；千乘之国，弑其君者，必百乘之家。万取千焉，千取百焉，不为不多矣，苟为后义而先利，不夺不餍。

未有仁而遗其亲者也；未有义而后其君者也。王亦曰仁义而已矣，何必曰利？"（义利之辨·一）【注：每章上所列之（一）、（二）、（三）等数字，系代表孟子原书之章次。】

（三）梁惠王曰："寡人之于国也，尽心焉耳矣。河内凶，则移其民于河东，移其粟于河内。河东凶、亦然。察邻国之政，无如寡人之用心者。邻国之民不加少，寡人之民不加多，何也？"

孟子对曰："王好战，请以战喻：填然鼓之，兵刃既接，弃甲曳兵而走，或百步而后止，或五十步而后止。以五十步笑百步，则何如？"

曰："不可，直不百步耳，是亦走也。"

曰："王如知此，则无望民之多于邻国也。不违农时，谷不可胜食也；数罟不入洿池，鱼鳖不可胜食也；斧斤以时入山林，材木不可胜用也。谷与鱼鳖不可胜食，材木不可胜用，是使民养生丧死无憾也。养生丧死无憾，王道之始也。

五亩之宅，树之以桑，五十者可以衣帛矣！鸡豚狗彘之畜，无失其时，七十者可以食肉矣！百亩之田，勿夺其时，数口之家可以无饥矣！谨庠序之教，申之以孝悌之义，颁白者不负戴于道路矣！七十者衣帛食肉，黎民不饥不寒，然而不王者，未之有也！

"狗彘食人食而不知检，涂有饿莩而不知发。人死，则曰：'非我也，岁也。'是何异于刺人而杀之，曰：'非我也，兵也。'王无罪岁，斯天下之民至焉。"（论政治·六）

（七）齐宣王问曰："齐桓、晋文之事，可得闻乎？"

孟子对曰："仲尼之徒，无道桓、文之事者，是以后世无传焉。臣未之闻也。无以，则王乎？"

曰："德何如，则可以王矣？"

曰："保民而王，莫之能御也。"

曰："若寡人者，可以保民乎哉？"

曰："可！"

曰："何由知吾可也？"

曰："臣闻之胡龁曰：王坐于堂上，有牵牛而过堂下者。王见之，曰：'牛何之？'对曰：'将以衅钟。'王曰：'舍之！吾不忍其觳觫，若无罪而就死地。'对曰：'然则废衅钟与？'曰：'何可废也！以羊易之。'不识有诸？"

曰："有之。"

曰："是心足以王矣！百姓皆以王为爱也；臣固知王之不忍也。"

王曰："然，诚有百姓者，齐国虽褊小，吾何爱一牛！即不忍其觳觫，若无罪而就死地，故以羊易之也。"

曰："王无异于百姓之以王为爱也。以小易大，彼恶知之！王若隐其无罪而就死地，则牛羊何择焉？"

王笑曰："是诚何心哉？我非爱其财而易之以羊也？宜乎百姓之谓我爱也！"

曰："无伤也，是乃仁术也；见牛未见羊也。君子之于禽兽也，见其生，不忍见其死；闻其声，不忍食其肉。是以君子远庖厨也。"

王说曰："《诗》云：'他人有心，予忖度之。'夫子之谓也。夫我乃行之，反而求之，不得吾心；夫子言之，于我心有戚戚焉。此心之所以合于王者，何也？"

曰："有复于王者曰：'吾力足以举百钧，而不足以举一羽；明足以察秋毫之末，而不见舆薪。'则王许之乎？"

曰："否！"

"今恩足以及禽兽，而功不至于百姓者，独何与？然则一羽之不举，为不用力焉；舆薪之不见，为不用明焉；百姓之不见保，为不用恩焉。故王之不王，不为也，非不能也。"

曰："不为者与不能者之形，何以异？"

曰："挟太山以超北海，语人曰：'我不能。'是诚不能也。为长者折枝，语人曰：'我不能。'是不为也，非不能也。故王之不王，非挟太山以超北海之类也；王之不王，是折枝之类也。老吾老，以及人之老；幼吾幼，以及人之幼；天下可运于掌。《诗》云：'刑于寡妻，至于兄弟，以御于家邦。'言举斯心，加诸彼而已！故推恩足以保四海；不推恩无以保妻子。古之人所以大过人者，无他焉，善推其所为而已矣。今恩足以及禽兽，而功不至于百姓者，独何与？权，然后知轻重；度，然后知长短；物皆然，心为甚。王请度之！抑王兴甲兵，危士臣，构怨于诸侯，然后快于心与？"

王曰："否！吾何快于是！将以求吾所大欲也。"

221

曰："王之所大欲，可得闻与？"王笑而不言。

曰："为肥甘不足于口与？轻暖不足于体与？抑为采色不足视于目与？声音不足听于耳与？便嬖不足使令于前与？王之诸臣，皆足以供之，而王岂为是哉？"

曰："否！吾不为是也！"

曰："然则王之所大欲可知已：欲辟土地，朝秦、楚，莅中国，而抚四夷也。以若所为，求若所欲，犹缘木而求鱼也。"

王曰："若是其甚与？"

曰："殆有甚焉！缘木求鱼，虽不得鱼，无后灾；以若所为，求若所欲，尽心力而为之，后必有灾。"

曰："可得闻与？"

曰："邹人与楚人战，则王以为孰胜？"

曰："楚人胜。"

曰："然则小固不可以敌大，寡固不可以敌众，弱固不可以敌强。海内之地，方千里者九；齐集有其一。以一服八，何以异于邹敌楚哉？盖亦反其本矣！今王发政施仁，使天下仕者皆欲立于王之朝，耕者皆欲耕于王之野，商贾皆欲藏于王之市，行旅皆欲出于王之涂，天下之欲疾其君者，皆欲赴愬于王。其若是，孰能御之？"

王曰："吾惛，不能进于是矣！愿夫子辅吾志，明以教我。我虽不敏，请尝试之。"

曰："无恒产而有恒心者，惟士为能。若民，则无恒产，因无恒心；苟无恒心，放辟邪侈，无不为已。及陷于罪，然后从而刑之，是罔民也。焉有仁人在位，罔民而可为也！是故明君制民之产，必使仰足以事父母，俯足以畜妻子；乐岁终身饱，凶年免于死亡。然后驱而之善，故民之从之也轻。今也制民之产，仰不足以事父母，俯不足以畜妻子；乐岁终身苦，凶年不免于死亡；此惟救死而恐不赡，奚暇治礼义哉？王欲行之，则盍反其本矣！五亩之宅，树之以桑，五十者可以衣帛矣；鸡豚狗彘之畜，无失其时，七十者可以食肉矣；百亩之田，勿夺其时，八口之家，可以无饥矣；谨庠序之教，申之以孝悌之义，颁白者不负戴于道路矣。老者衣帛食肉，黎民不饥不寒，然而不王者，未之有也！"（论政治·七）（蓝色字为节选未收录的内容）

《梁惠王下》　凡十六章　录一章

（十二）邹与鲁哄。穆公问曰："吾有司死者三十三人，而民莫之死也。诛之，则不可胜诛；不诛，则疾视其长上之死而不救。如之何则可也？"

孟子对曰："凶年饥岁，君之民，老弱转乎沟壑，壮者散而之四方者，几千人矣；而君之仓廪实，府库充；有司莫以告，是上慢而残下也。曾子曰：'戒之，戒之！出乎尔者，反乎尔者也。'夫民今而后得反之也；君无尤焉！君行仁政，斯民亲其上，死其长矣。"（论政治·八）

《公孙丑上》　凡九章　录四章

（二）公孙丑问曰："夫子加齐之卿相，得行道焉，虽由此霸王不异矣。如此，则动心否乎？"

孟子曰："否。我四十不动心。"

曰："若是，则夫子过孟贲远矣！"

曰："是不难。告子先我不动心。"

曰："不动心有道乎？"

曰："有。北宫黝之养勇也，不肤挠，不目逃；思以一毫挫于人，若挞之于市朝。不受于褐宽博，亦不受于万乘之君；视刺万乘之君，若刺褐夫，无严诸侯；恶声至，必反之。孟施舍之所养勇也，曰：'视不胜犹胜也；量敌而后进，虑胜而后会，是畏三军者也。舍岂能为必胜哉？能无惧而已矣。'孟施舍似曾子，北宫黝似子夏。夫二子之勇，未知其孰贤；然而孟施舍守约也。昔者曾子谓子襄曰：'子好勇乎？吾尝闻大勇于夫子矣：自反而不缩，虽褐宽博，吾不惴焉？自反而缩，虽千万人，吾往矣！'孟施舍之守气，又不如曾子之守约也。"

曰："敢问夫子之不动心，与告子之不动心，可得闻与？"

"告子曰：'不得于言，勿求于心；不得于心，勿求于气。'不得于心，勿求于气，可；不得于言，勿求于心，不可。夫志，气之帅也；气，体之充也。夫志至焉，气次焉，故曰：'持其志，无暴其气。'"

"既曰'志至焉，气次焉'，又曰'持其志，无暴其气'者，何也？"

曰："志壹则动气，气壹则动志也。今夫蹶者、趋者，是气也；而反动其心。"

"敢问夫子恶乎长？"

曰："我知言，我善养吾浩然之气。"

"敢问何谓浩然之气？"

曰："难言也。其为气也，至大至刚，以直养而无害，则塞于天地之间。其为气也，配义与道；无是，馁也。是集义所生者，非义袭而取之也；行有不慊于心，则馁矣。我故曰告子未尝知义，以其外之也。必有事焉而勿正，心勿忘，勿助长也。无若宋人然：宋人有闵其苗之不长而揠之者，芒芒然归，谓其人曰：'今日病矣！予助苗长矣！'其子趋而往视之，苗则槁矣！天下之不助苗长者寡矣。以为无益而舍之者，不耘苗者也。助之长者，揠苗者也；非徒无益，而又害之。"

"何谓知言？"

曰："诐辞，知其所蔽；淫辞，知其所陷；邪辞，知其所离；遁辞，知其所穷。生于其心，害于其政，发于其政，害于其事。圣人复起，必从吾言矣。"

"宰我、子贡，善为说辞。冉牛、闵子、颜渊，善言德行。孔子兼之，曰：

'我于辞命，则不能也。'然则夫子既圣矣乎？"

曰："恶！是何言也！昔者子贡问于孔子曰：'夫子圣矣乎？'孔子曰：'圣，则吾不能；我学不厌，而教不倦也。'子贡曰：'学不厌，智也；教不倦，仁也。仁且智，夫子既圣矣！'夫圣，孔子不居。是何言也！"

"昔者窃闻之：子夏、子游、子张，皆有圣人之一体；冉牛、闵子、颜渊，则具体而微；敢问所安？"

曰："姑舍是。"

曰："伯夷、伊尹何如？"

曰："不同道。非其君不事，非其民不使，治则进，乱则退，伯夷也。何事非君？何使非民？治亦进，乱亦进，伊尹也。可以仕则仕，可以止则止，可以久则久，可以速则速，孔子也。皆古圣人也，吾未能有行焉；乃所愿则学孔子也。"

"伯夷、伊尹于孔子，若是班乎？"

曰："否。自有生民以来，未有孔子也！"

曰："然则有同与？"

曰："有。得百里之地而君之，皆能以朝诸侯，有天下；行一不义，杀一不辜，而得天下，皆不为也。是则同。"

曰："敢问其所以异？"

曰："宰我、子贡、有若，智足以知圣人；污，不至阿其所好。宰我曰：'以予观于夫子，贤于尧、舜远矣。'子贡曰：'见其礼而知其政，闻其乐而知其德，由百世之后，等百世之王，莫之能违也。自生民以来，未有夫子也！'有若曰：'岂惟民哉？麒麟之于走兽，凤凰之于飞鸟，泰山之于丘垤，河海之于行潦，类也。圣人之于民，亦类也；出于其类，拔乎其萃，自生民以来，未有盛于孔子也！'"（论涵养·二）

（四）孟子曰："仁则荣，不仁则辱。今恶辱而居不仁，是犹恶湿而居下也。如恶之，莫如贵德而尊士；贤者在位，能者在职。国家闲暇，及是时，明其政刑，虽大国必畏之矣！《诗》云：'迨天之未阴雨，彻彼桑土，绸缪牖户，今此下民，或敢侮予。' 孔子曰：'为此诗者，其知道乎！能治其国家，谁敢侮之！'

"今国家闲暇，及是时，般乐怠敖，是自求祸也。祸福无不自己求之者！《诗》云：'永言配命，自求多福。'《太甲》曰：'天作孽，犹可违；自作孽，不可活。'此之谓也。"（论政治·四）

（六）孟子曰："人皆有不忍人之心。先王有不忍人之心，斯有不忍人之政矣。

"以不忍人之心，行不忍人之政，治天下可运之掌上。

所以谓人皆有不忍人之心者：今人乍见孺子将入于井，皆有怵惕恻隐之心；非所以内交于孺子之父母也，非所以要誉于乡党朋友也，非恶其声而然也。

"由是观之：无恻隐之心，非人也；无羞恶之心，非人也；无辞让之心，非人也；无是非之心，非人也。

恻隐之心，仁之端也；羞恶之心，义之端也；辞让之心，礼之端也；是非之心，智之端也。人之有是四端也，犹其有四体也。有是四端而自谓不能者，自贼者也；谓其君不能者，贼其君者也。

"凡有四端于我者，知皆扩而充之矣，若火之始然，泉之始达。苟能充之，足以保四海；苟不充之，不足以事父母。"（论人性本善·二）

（八）孟子曰："子路，人告之以有过则喜；禹闻善言则拜。大舜有大焉：善与人同，舍己从人，乐取于人以为善。自耕稼陶渔，以至为帝，无非取于人者。取诸人以为善，是与人为善者也。故君子莫大乎与人为善。"（论涵养·十五）

《公孙丑下》　凡十四章　录三章

（一）孟子曰："天时不如地利，地利不如人和。

"三里之城，七里之郭，环而攻之而不胜。夫环而攻之，必有得天时者矣；然而不胜者，是天时不如地利也。城非不高也，池非不深也，兵革非不坚利也，米粟非不多也；委而去之，是地利不如人和也。

　　"故曰：域民不以封疆之界，固国不以山溪之险，威天下不以兵革之利；得道者多助，失道者寡助。寡助之至，亲戚畔之；多助之至，天下顺之。以天下之所顺，攻亲戚之所畔：故君子有不战，战必胜矣。"（论政治·二）

（三）陈臻问曰："前日于齐，王馈兼金一百而不受。于宋，馈七十镒而受。于薛，馈五十镒而受。前日之不受是，则今日之受非也；今日之受是，则前日之不受非也。夫子必居一于此矣。"

　　孟子曰："皆是也。当在宋也，予将有远行。行者必以赆，辞曰：'馈赆。'予何为不受？当在薛也，予有戒心；辞曰：'闻戒，故为兵馈之。'予何为不受？若于齐，则未有处也。无处而馈之，是货之也。焉有君子而可以货取乎？"（论涵养·七）

（十三）孟子去齐，充虞路问曰："夫子若有不豫色然。前日虞闻诸夫子曰：'君子不怨天，不尤人。'"

　　曰："彼一时，此一时也。五百年必有王者兴，其间必有名世者。由周而来，七百有余岁矣，以其数，则过矣；以其时考之，则可矣。夫天未欲平治天下也；如欲平治天下，当今之世，舍我其谁也？吾何为不豫哉？"（孟子的抱负·二）

《滕文公上》　　凡五章　录一章

（四）有为神农之言者许行，自楚之滕，踵门而告文公曰："远方之人，闻君行仁政，愿受一廛而为氓。"

　　文公与之处。其徒数十人，皆衣褐，捆屦织席以为食。

　　陈良之徒陈相，与其弟辛，负耒耜而自宋之滕。曰："闻君行圣人之政，是亦圣人也。愿为圣人氓。"

陈相见许行而大悦，尽弃其学而学焉。陈相见孟子，道许行之言曰：

"滕君则诚贤君也；虽然，未闻道也！贤者与民并耕而食，饔飧而治。今也滕有仓廪府库，则是厉民而以自养也，恶得贤？"

孟子曰："许子必种粟而后食乎？"

曰："然。"

"许子必织布而后衣乎？"

曰："否，许子衣褐。"

"许子冠乎？"

曰："冠。"

曰："奚冠？"

曰："冠素。"

曰："自织之与？"

曰："否，以粟易之。"

曰："许子奚为不自织？"

曰："害于耕。"

曰："许子以釜甑爨，以铁耕乎？"

曰："然。"

"自为之与？"

曰："否，以粟易之。"

"以粟易械器者，不为厉陶冶；陶冶亦以其械器易粟者，岂为厉农夫哉？且许子何不为陶冶，舍皆取诸其宫中而用之？何为纷纷然与百工交易？何许子之不惮烦？"

曰："百工之事，固不可耕且为也。"

"然则治天下，独可耕且为与？有大人之事，有小人之事。且一人之身，而百工之所为备；如必自为而后用之，是率天下而路也。故曰：或劳心，或劳力。劳心者治人，劳力者治于人；治于人者食人，治人者食于人；天

下之通义也。

当尧之时，天下犹未平，洪水横流，泛滥于天下；草木畅茂，禽兽繁殖。五谷不登，禽兽偪人，兽蹄鸟迹之道交于中国；尧独忧之，举舜而敷治焉。舜使益掌火，益烈山泽而焚之，禽兽逃匿。禹疏九河；瀹济、漯而注诸海；决汝、汉，排淮、泗，而注之江，然后中国可得而食也。当是时也，禹八年于外，三过其门而不入；虽欲耕，得乎？

后稷教民稼穑，树艺五谷；五谷熟，而民人育。人之有道也。饱食、暖衣、逸居而无教，则近于禽兽。圣人有忧之，使契为司徒，教以人伦：父子有亲，君臣有义，夫妇有别，长幼有序，朋友有信。放勋曰：'劳之，来之，匡之，直之，辅之，翼之，使自得之，又从而振德之。'圣人之忧民如此，而暇耕乎？

尧以不得舜为己忧，舜以不得禹、皋陶为己忧；夫以百亩之不易为己忧者，农夫也。分人以财谓之惠，教人以善谓之忠，为天下得人者谓之仁。是故以天下与人易，为天下得人难。孔子曰：'大哉，尧之为君！惟天为大，惟尧则之；荡荡乎，民无能名焉。君哉，舜也！巍巍乎，有天下而不与焉！'尧、舜之治天下，岂无所用心哉？亦不用于耕耳！吾闻用夏变夷者，未闻变于夷者也。陈良，楚产也，悦周公、仲尼之道，北学于中国。北方之学者，未能或之先也；彼所谓豪杰之士也。子之兄弟，事之数十年，师死而遂倍之。昔者孔子没，三年之外，门人治任将归，入揖于子贡，相向而哭，皆失声，然后归。子贡反，筑室于场，独居三年，然后归。他日，子夏、子张、子游以有若似圣人，欲以所事孔子事之，强曾子。曾子曰：'不可，江、汉以濯之，秋阳以暴之，皜皜乎不可尚已。'今也南蛮鴃舌之人，非先王之道，子倍子之师而学之，亦异于曾子矣。吾闻出于幽谷，迁于乔木者；未闻下乔木，而入于幽谷者。鲁颂曰：'戎、狄是膺，荆、舒是惩。'周公方且膺之；子是之学，亦为不善变矣。"

"从许子之道，则市贾不贰，国中无伪，虽使五尺之童适市，莫之或欺。

229

布帛长短同，则贾相若；麻缕丝絮轻重同，则贾相若；五谷多寡同，则贾相若；屦大小同，则贾相若。"

曰："夫物之不齐，物之情也。或相倍蓰，或相什百，或相千万；子比而同之，是乱天下也。巨屦小屦同贾，人岂为之哉？从许子之道，相率而为伪者也，恶能治国家？"（论政治·五）

《滕文公》下　凡十章　录三章

（二）景春曰："公孙衍、张仪，岂不诚大丈夫哉？一怒而诸侯惧，安居而天下熄。"

孟子曰："是焉得为大丈夫乎？子未学礼乎？丈夫之冠也，父命之；女子之嫁也，母命之；往送之门，戒之曰：'往之女家，必敬必戒，无违夫子。'以顺为正者，妾妇之道也。居天下之广居，立天下之正位，行天下之大道。得志，与民由之；不得志，独行其道。富贵不能淫，贫贱不能移，威武不能屈。此之谓大丈夫！"（论涵养·三）

（六）孟子谓戴不胜曰："子欲子之王之善与？我明告子：有楚大夫于此，欲其子之齐语也，则使齐人傅诸？使楚人傅诸？"

曰："使齐人傅之。"

曰："一齐人傅之，众楚人咻之，虽日挞而求其齐也，不可得矣。引而置之庄、岳之间数年，虽日挞而求其楚，亦不可得矣。子谓薛居州善士也，使之居于王所；在于王所者，长幼卑尊皆薛居州也，王谁与为不善？在王所者，长幼卑尊皆非薛居州也，王谁与为善？一薛居州，独如宋王何？"（论教与学·四）

（九）公都子曰："外人皆称夫子好辩？敢问何也？"孟子曰："予岂好辩哉？予不得已也！天下之生久矣，一治一乱：

"当尧之时，水逆行，泛滥于中国。蛇龙居之，民无所定。下者为巢，上者为营窟。《书》曰：'洚水警余。'洚水者，洪水也。使禹治之。禹掘地而注之海，驱蛇龙而放之菹，水由地中行，江、淮、河、汉是也。险阻既远，鸟兽之害人者消，然后人得平土而居之。

"尧、舜既没，圣人之道衰。暴君代作，坏宫室以为污池，民无所安息；弃田以为园囿，使民不得衣食。邪说暴行又作。园囿污池沛泽多，而禽兽至。及纣之身，天下又大乱。周公相武王，诛纣，伐奄，三年讨其君；驱飞廉于海隅而戮之；灭国者五十。驱虎豹犀象而远之。天下大悦。《书》曰：'丕显哉，文王谟！丕承哉，武王烈！佑启我后人，咸以正无缺。'

"世衰道微，邪说暴行有作。臣弑其君者有之，子弑其父者有之。孔子惧，作《春秋》。《春秋》，天子之事也。是故孔子曰：'知我者，其惟《春秋》乎！罪我者，其惟《春秋》乎！'

"圣王不作，诸侯放恣，处士横议，杨朱、墨翟之言盈天下。天下之言，不归杨则归墨。杨氏为我，是无君也；墨氏兼爱，是无父也。无父无君，是禽兽也。公明仪曰：'庖有肥肉，厩有肥马，民有饥色，野有饿莩，此率兽而食人也。'杨、墨之道不息，孔子之道不着，是邪说诬民，充塞仁义也。仁义充塞，则率兽食人，人将相食。吾为此惧，闲先圣之道，距杨、墨，放淫辞，邪说者不得作。作于其心，害于其事；作于其事，害于其政。圣人复起，不易吾言矣。

"昔者禹抑洪水，而天下平；周公兼夷、狄，驱猛兽，而百姓宁；孔子成《春秋》，而乱臣贼子惧。《诗》云：'戎、狄是膺，荆、舒是惩；则莫我敢承。'无父无君，是周公所膺也。我亦欲正人心，息邪说，距诐行，放淫辞，以承三圣者；岂好辩哉？予不得已也。能言距杨、墨者，圣人之徒也。"（孟子的抱负·一）

《离娄上》　凡二十八章　录三章

（四）孟子曰："爱人不亲，反其仁；治人不治，反其智；礼人不答，反其敬。

行有不得者，皆反求诸己；其身正，而天下归之。《诗》云：'永言配命，自求多福。'"（论涵养·十二）

（九）孟子曰："桀、纣之失天下也，失其民也。失其民者，失其心也。得天下有道：得其民，斯得天下矣。得其民有道：得其心，斯得民矣。得其心有道：所欲与之聚之；所恶勿施尔也。

"民之归仁也，犹水之就下，兽之走圹也。故为渊驱鱼者，獭也；为丛驱爵者，鹯也；为汤、武驱民者，桀与纣也。今天下之君有好仁者，则诸侯皆为之驱矣；虽欲无王，不可得已。

"今之欲王者，犹七年之病，求三年之艾也。苟为不畜，终身不得。苟不志于仁，终身忧辱，以陷于死亡。《诗》云：'其何能淑？载胥及溺。'此之谓也。"（论政治·三）

（十）孟子曰："自暴者，不可与有言也；自弃者，不可与有为也。言非礼义，谓之自暴也；吾身不能居仁由义，谓之自弃也。仁，人之安宅也；义，人之正路也。旷安宅而弗居，舍正路而不由，哀哉！"（论涵养·十四）

《离娄下》 凡三十三章 录九章

（七）孟子曰："中也养不中，才也养不才，故人乐有贤父兄也。如中也弃不中，才也弃不才，则贤不肖之相去，其间不能以寸。"（论教与学·三）

（十四）孟子曰："君子深造之以道，欲其自得之也。自得之，则居之安；居之安，则资之深；资之深，则取之左右逢其原。故君子欲其自得之也。"（论教与学·十）

（十八）徐子曰："仲尼亟称于水，曰：'水哉！水哉！'何取于水也？"

孟子曰："原泉混混，不舍昼夜，盈科而后进，放乎四海；有本者如是。是之取尔！苟为无本，七、八月之间雨集，沟浍皆盈；其涸也，可立而待也。故声闻过情，君子耻之。"（论教与学·五）

（二十）孟子曰："禹恶旨酒，而好善言；汤执中，立贤无方；文王视民如伤，望道而未之见；武王不泄迩，不忘远。周公思兼三王以施四事。其有不合者，仰而思之，夜以继日；幸而得之，坐以待旦。"（尚论古人·二）

（二十三）孟子曰："可以取，可以无取；取，伤廉。可以与，可以无与；与，伤惠。可以死，可以无死；死，伤勇。"（论涵养·八）

（二十五）孟子曰："西子蒙不洁，则人皆掩鼻而过之；虽有恶人，斋戒沐浴，则可以祀上帝。"（论涵养·十一）

（二十八）孟子曰："君子所以异于人者，以其存心也。君子以仁存心，以礼存心。仁者爱人，有礼者敬人。爱人者，人恒爱之；敬人者，人恒敬之。

"有人于此，其待我以横逆，则君子必自反也：'我必不仁也，必无礼也，此物奚宜至哉？'其自反而仁矣，自反而有礼矣；其横逆由是也，君子必自反也：'我必不忠。'自反而忠矣；其横逆由是也，君子曰：'此亦妄人也已矣。如此则与禽兽奚择哉？于禽兽又何难焉？'

"是故君子有终身之忧，无一朝之患也。乃若所忧则有之：舜，人也；我，亦人也；舜为法于天下，可传于后世，我由未免为乡人也，是则可忧也。忧之如何？如舜而已矣。

"若夫君子所患则亡矣。非仁无为也，非礼无行也。如有一朝之患，则君子不患矣。"（论涵养·十三）

（二十九）禹、稷当平世，三过其门而不入，孔子贤之。颜子当乱世，居于陋巷，一箪食，一瓢饮，人不堪其忧，颜子不改其乐，孔子贤之。

孟子曰："禹、稷、颜回同道。禹思天下有溺者，由己溺之也；稷思天下有饥者，由己饥之也；是以如是其急也。禹、稷、颜子，易地则皆然。今有同室之人斗者，救之，虽被发缨冠而救之可也。乡邻有斗者，被发缨冠而往救之，则惑也，虽闭户可也。"（尚论古人·三）

（三十三）齐人有一妻一妾而处室者，其良人出，则必餍酒肉而后反。其妻问所与饮食者，则尽富贵也。其妻告其妾曰："良人出，则必餍酒肉而后反。问其与饮食者，尽富贵也，而未尝有显者来。吾将瞷良人之所之也。"

蚤起，施从良人之所之。遍国中，无与立谈者。卒之东郭墦间，之祭者乞其余；不足，又顾而之他。此其为餍足之道也。

其妻归，告其妾曰："良人者，所仰望而终身也。今若此！"与其妾讪其良人，而相泣于中庭。而良人未之知也，施施从外来，骄其妻妾。

由君子观之，则人之所以求富贵利达者，其妻妾不羞也，而不相泣者，几希矣！（论涵养·六）

《万章上》　凡九章　未录

《万章下》　凡九章　录二章

（一）孟子曰："伯夷，目不视恶色，耳不听恶声。非其君不事，非其民不使。治则进，乱则退。横政之所出，横民之所止，不忍居也。思与乡人处，如以朝衣朝冠坐于涂炭也。当纣之时，居北海之滨，以待天下之清也。故闻伯夷之风者，顽夫廉，懦夫有立志。

"伊尹曰：'何事非君？何使非民？'治亦进，乱亦进。曰：'天之生斯民也，使先知觉后知，使先觉觉后觉。予，天民之先觉者也；予将以此道觉此民也。'思天下之民，匹夫匹妇有不与被尧、舜之泽者，若己推而内之沟中，其自任以天下之重也。

"柳下惠，不羞污君，不辞小官。进不隐贤，必以其道。遗佚而不怨，阨穷而不悯。与乡人处，由由然不忍去也。'尔为尔，我为我，虽袒裼裸裎于我侧，尔焉能浼我哉？'故闻柳下惠之风者，鄙夫宽，薄夫敦。

"孔子之去齐，接淅而行。去鲁，曰：'迟迟吾行也。'去父母国之道也。可以速而速，可以久而久，可以处而处，可以仕而仕，孔子也。"

孟子曰："伯夷，圣之清者也；伊尹，圣之任者也；柳下惠，圣之和者也；孔子，圣之时者也。孔子之谓集大成。集大成也者，金声而玉振之也。金声也者，始条理也；玉振之也者，终条理也。始条理者，智之事也；终条理者，圣之事也。智，譬则巧也；圣，譬则力也。由射于百步之外也；其至，尔力也；其中，非尔力也。"（尚论古人·四）

（八）孟子谓万章曰："一乡之善士，斯友一乡之善士；一国之善士，斯友一国之善士；天下之善士，斯友天下之善士。以友天下之善士为未足，又尚论古之人。颂其诗，读其书，不知其人可乎？是以论其世也；是尚友也。"（尚论古人·一）

《告子上》　凡二十章　录六章

（六）公都子曰："告子曰：'性无善无不善也。'或曰：'性可以为善，可以为不善。是故文、武兴，则民好善；幽、厉兴，则民好暴。'或曰：'有性善，有性不善。是故以尧为君，而有象；以瞽瞍为父，而有舜；以纣为兄之子，且以为君，而有微子启、王子比干。'今曰'性善'，然则彼皆非与？"

孟子曰："乃若其情，则可以为善矣；乃所谓善也。若夫为不善，非才之罪也。恻隐之心，人皆有之；羞恶之心，人皆有之；恭敬之心，人皆有之；是非之心，人皆有之。恻隐之心，仁也；羞恶之心，义也；恭敬之心，礼也；是非之心，智也。仁、义、礼、智，非由外铄我也，我固有之也，弗思耳矣。故曰：'求则得之，舍则失之。'或相倍蓰而无算者，不能尽其才者也。

"《诗》曰：'天生蒸民，有物有则，民之秉夷，好是懿德。'孔子曰：'为此诗者，其知道乎！'故有物必有则，民之秉夷也，故好是懿德。"（论人性本善·一）

（八）孟子曰："牛山之木尝美矣。以其郊于大国也，斧斤伐之，可以为美乎？是其日夜之所息，雨露之所润，非无萌蘖之生焉，牛羊又从而牧之，是以若彼濯濯也。人见其濯濯也，以为未尝有材焉，此岂山之性也哉？

"虽存乎人者，岂无仁义之心哉！其所以放其良心者，亦犹斧斤之于木也。旦旦而伐之，可以为美乎？其日夜之所息，平旦之气，其好恶与人相近也者几希。则其旦昼之所为，有梏亡之矣。梏之反覆，则其夜气不足以存；夜气不足以存，则其违禽兽不远矣。人见其禽兽也，而以为未尝有才焉者，是岂人之情也哉？

"故苟得其养，无物不长；苟失其养，无物不消。孔子曰：'操则存，舍则亡；出入无时，莫知其乡。'惟心之谓与。"（论人性本善·五）

（九）孟子曰："无或乎王之不智也！虽有天下易生之物也，一日暴之，十日寒之，未有能生者也。吾见亦罕矣，吾退而寒之者至矣。吾如有萌焉何哉！

"今夫弈之为数，小数也；不专心致志，则不得也。弈秋，通国之善弈者也。使弈秋诲二人弈，其一人专心致志，惟弈秋之为听。一人虽听之，一心以为有鸿鹄将至，思援弓缴而射之，虽与之俱学，弗若之矣。为是其智弗若与？曰：非然也。"（论教与学·七）

（十）孟子曰："鱼，我所欲也，熊掌，亦我所欲也；二者不可得兼，舍鱼而取熊掌者也。生，亦我所欲也，义，亦我所欲也；二者不可得兼，舍生而取义者也。

"生亦我所欲，所欲有甚于生者，故不为苟得也。死亦我所恶，所恶有甚于死者，故患有所不辟也。如使人之所欲莫甚于生，则凡可以得生者，何不用也？使人之所恶莫甚于死者，则凡可以辟患者，何不为也？由是则生，而有不用也；由是则可以辟患，而有不为也。是故所欲有甚于生者，所恶有甚于死者，非独贤者有是心也，人皆有之，贤者能勿丧耳。

"一箪食，一豆羹，得之则生，弗得则死。嘑尔而与之，行道之人弗受；蹴尔而与之，乞人不屑也。万锺则不辨礼义而受之，万锺于我何加焉？为宫室之美，妻妾之奉，所识穷乏者得我与？乡为身死而不受，今为宫室之美为之；乡为身死而不受，今为妻妾之奉为之；乡为身死而不受，今为所识穷乏者得我而为之；是亦不可以已乎？此之谓失其本心。"

（论人性本善·四）

（十一）孟子曰："仁，人心也；义，人路也。舍其路而弗由，放其心而不知求，哀哉！人有鸡犬放，则知求之；有放心，而不知求。学问之道无他，求其放心而已矣。"（论人性本善·八）

（十五）公都子问曰："钧是人也，或为大人，或为小人。何也？"

孟子曰："从其大体为大人，从其小体为小人。"

曰："钧是人也，或从其大体，或从其小体。何也？"

曰："耳目之官不思，而蔽于物；物交物，则引之而已矣。心之官则思，思则得之，不思则不得也。此天之所与我者，先立乎其大者，则其小者不能夺也，此为大人而已矣。"（论人性本善·七）

《告子下》　凡一六章　录二章

（十五）孟子曰："舜发于畎亩之中，傅说举于版筑之间，胶鬲举于鱼盐之中，管夷吾举于士，孙叔敖举于海，百里奚举于市。故天将降大任于是人也，必先苦其心志，劳其筋骨，饿其体肤，空乏其身，行拂乱其所为；所以动心忍性，曾益其所不能。人恒过，然后能改；困于心，衡于虑，而后作；征于色，发于声，而后喻。入则无法家拂士，出则无敌国外患者，国恒亡。然后知生于忧患，而死于安乐也。"（论涵养·九）

（十六）孟子曰："教亦多术矣！予不屑之教诲也者，是亦教诲之而已矣。"

（论教与学·二）

《尽心上》　凡四十六章　录九章

（六）孟子曰："人不可以无耻，无耻之耻，无耻矣。"（论涵养·四）

237

（七）孟子曰："耻之于人大矣！为机变之巧者，无所用耻焉。不耻不若人，何若人有？"（论涵养·五）

（十五）孟子曰："人之所不学而能者，其良能也；所不虑而知者，其良知也。孩提之童，无不知爱其亲者；及其长也，无不知敬其兄也。亲亲，仁也；敬长，义也。无他，达之天下也。"（论人性本善·三）

（十八）孟子曰："人之有德、慧、术、知者，恒存乎疢疾。独孤臣孽子，其操心也危，其虑患也深，故达。"（论涵养·十）

（二十）孟子曰："君子有三乐，而王天下不与存焉。父母俱存，兄弟无故，一乐也；仰不愧于天，俯不怍于人，二乐也；得天下英才而教育之，三乐也。君子有三乐，而王天下不与存焉。"（论涵养·十六）

（二十四）孟子曰："孔子，登东山而小鲁，登太山而小天下。故观于海者难为水；游于圣人之门者难为言。观水有术，必观其澜；日月有明，容光必照焉。流水之为物也，不盈科不行；君子之志于道也，不成章不达。"（论教与学·六）

（二十五）孟子曰："鸡鸣而起，孳孳为善者，舜之徒也；鸡鸣而起，孳孳为利者，跖之徒也。欲知舜与跖之分，无他，利与善之间也。"（义利之辨·二）

（二十九）孟子曰："有为者，辟若掘井；掘井九轫而不及泉，犹为弃井也。"（论教与学·八）

（四十）孟子曰："君子之所以教者五：有如时雨化之者，有成德者，有达财者，有答问者，有私淑艾者。此五者，君子之所以教也。"（论教与学·一）

《尽心下》 凡三十八章 录四章

（十四）孟子曰："民为贵，社稷次之，君为轻。是故得乎丘民而为天子，得乎天子为诸侯，得乎诸侯为大夫。诸侯危社稷，则变置。牺牲既成，粢盛既洁，祭祀以时，然而旱干水溢，则变置社稷。"（论政治·一）

（二十一）孟子谓高子曰："山径之蹊间，介然用之而成路，为间不用，则茅塞之矣。今茅塞子之心矣。"（论教与学·九）

（三十二）孟子曰："言近而指远者，善言也；守约而施博者，善道也。君子之言也，不下带而道存焉。君子之守，修其身而天下平。人病舍其田而芸人之田，所求于人者重，而所以自任者轻。'（论涵养·一）

（三十五）孟子曰："养心莫善于寡欲。其为人也寡欲，虽有不存焉者寡矣；其为人也多欲，虽有存焉者寡矣。"（论人性本善·六）